“未”顧客理解

なぜ「買ってくれる人＝顧客」
しか見ないのか？

コレクシア 芹澤 連

Uncustomer Understanding

Ren Serizawa

日経BP

"Would you tell me, please, which way I ought to go from here?"
"That depends a good deal on where you want to get to," said the Cat.
"I don't much care where—" said Alice.
"Then it doesn't matter which way you go," said the Cat.

Lewis Carroll

<本書の全体像と概念の整理>

本書の全体像

1章・3章

戦略

- なぜ未顧客理解が必要か?
- 今までのマーケティングと何が違う?

2章・4章

未顧客理解

- 何を理解すればよいのか?
- どう理解を進めればよいのか?

5章

ブランドの再解釈

- どう施策に落とし込むのか?
- 商品やサービス別の具体例は?

概念・用語の整理

- 負の二項分布
- ダブルジョパディ
- カテゴリーエントリーポイント
- NBDディリクレ、$w(1-b)$モデル
- 生活文脈の理解
- 強化学習、行動価値関数
- ナラティブアプローチ
- 行動随伴性
- オルタネイトモデル

はじめに

あなたが何か商売をしているとして、「商品を買う人」と「商品を買わない人」、どちらの話に耳を傾けますか。普通は「買う人」、つまり顧客の声を聞き、顧客のデータを分析すると思います。「買わない人のことを考えよう、買わない人を分析しよう」という商売人はあまりいません。しかし、世の中の大半は、あなたの商品やサービスを知らない、知っていても興味がない**“未”顧客**たちです。

本書はそんな「**未顧客を理解するための本**」です。全く買わないノンユーザーや、たまにしか買わないライトユーザーが主役の本です。ファンやヘビーユーザーを育成する本ではありません。既存顧客の満足度を高めたり、リピートや推奨を増やしたりする本でもありません。**あなたのプロダクトやサービスに興味がない人、今まで買ってくれなかった人を理解して、新しく１回買ってもらうための本**です。

タイトルに顧客理解と入っていますが、「顧客を大事にしよう、顧客視点って大事だよね」という姿勢や心構えを書きつづった本ではありません。また、「私はこういうやり方で一山当てました」という成功事例を紹介する本でもありません。新しい市場や利用機会を生み出すために、「**商品やサービスを買わない人をどう理解して、どうマーケティングに落とし込み、買ってもらうか**」という視点やスキルを解説する本です。

本書を読んだ後に身に付けられるのは、「**消費者の生活の中にブランド*との新しい接点を作り出すための基本原則**」と、「**現在のブランドを再解釈することで、より多くの人に興味を持ってもらうためのフレーム**

ワーク」です。これまで100以上のブランドで活用されてきた内容を書籍用に整理したものです。

＊ 本書ではプロダクトやサービス、および、それらを提供する企業を指す

前提となる知識やスキルは何もありません。一部数学的な内容も含みますが、マンガや図表を多用して解説するので、マーケティングは初めてという方でも理論と実践手順をバランスよく理解できると思います。抽象と具体、理系思考と文系思考を行き来して、複眼的に未顧客を理解したいという方は楽しめると思います。逆にどちらかにしか興味がない方（例：データ分析のテクニックが知りたいなど）は、限定的な楽しみ方になるかもしれません。

本書の着眼点

本書では、さまざまなエビデンスに基づいた未顧客理解の原理原則を紹介します。しかし、それらは皆さんが慣れ親しんできた従来のビジネスでの「当たり前」とは視点や発想がだいぶ異なると思います。まずはお試しに、現在のビジネスやマーケティングで考えられているいくつかの「当たり前」と、それらに対する“未顧客視点”の問題提起をしてみたいと思います。初めて読むと「直感に反する」「納得がいかない」と思うかもしれませんが、本書を読み進めれば、こうした視点を持つべき理由や意義を理解していただけると思います。

「日本の市場全体が縮小しているから、売上が下がるのは仕方がない」

いいえ。あなたのブランドの顧客基盤が縮小しているだけです。伸びているブランドは伸びています。カテゴリー全体は縮小しているのに特

定のブランドだけ浸透率*を伸ばしている、これがどういうことか分かりますか。なぜそのような現象が起きるのか、どうすれば自分のブランドで再現できるのか、説明できるでしょうか。

＊ 特定期間中にブランドを1回でも買った顧客の割合

「ブランドのファンを育て、ロイヤル顧客を大事にしていれば、事業が成長する」

いいえ。少数の例外を除いて、ファンやロイヤル顧客だけを大事にしていてもシェアを伸ばせないことは、理論的にもデータでも明らかになっています。例えば、頑張って顧客を育てても、ヘビーユーザーとライトユーザーはすぐ入れ替わってしまうことをご存じですか。「数％の離反を防げば利益が大幅に伸びる」といった話は、ただの数値の読み間違いであることはどうでしょうか。2：8の法則が成立することはまれで、あなたのブランドの売上の約半分はあなたのブランドに興味のないライトユーザーに支えられています。事業の成長やシェアを左右するのは、そうした普段意識することのない、顔の見えない未顧客たちです。

「ウチはニッチで勝負しているから、新規獲得の優先順位は高くない」

いいえ。本当にニッチ戦略で成長できたブランドは、多くの研究を通しても、わずかしか確認されていません。多くの“自称ニッチ”ブランドは、むしろ、一部の層にしか受け入れられないポジションを“確立してしまった”ことに気付いていないだけです。そこから新規獲得や市場拡大をすることがどれだけ難しいかご存じですか。ニッチを支える僅かなヘビーユーザーではなく、市場の大部分を占めるノンユーザーに目を向けて、「彼・彼女らがなぜ非購買のままなのか」を考えてみてください。企業側が顧客価値だと思ってきたことが、ノンユーザーにとっては価値ではないから非購買のままなのです。

「ノンユーザーやライトユーザーに対しても、STP*やペルソナといったフレームワークやツールが有効である」

＊Segmentation（セグメンテーション）、Targeting（ターゲティング）、Positioning（ポジショニング）の頭文字

いいえ。無関心は顧客の属性やプロファイルとは関係ないので、従来の人を軸としたセグメンテーションやターゲティングは意味がありませんし、ペルソナも作れません。ノンユーザーやライトユーザーの場合は、ペルソナではなく“シャドウ”の理解が大切です。またS→T→PではなくP→T→Sと逆順で考える方が有益です。そもそもSTP、特にセグメンテーションは多くの研究者が疑問視している考え方でもあることはご存じですか。よく「ウチのブランドは他と違う、異なる顧客層にアピールしている」と言いますが、それはマーケターの願望であり、実際は競合関係にあるブランドはどれもほぼ同じ顧客層にしか買われていないことはお気付きでしょうか。実は顧客セグメントなど存在せず、あるのは購買行動における規則性の違いだけかもしれません。

「消費者は不合理。人の心理や行動は無意識だから、理解することも、ましてや変化させることもできない」

いいえ。消費者は合理的です。消費者には消費者の合理があり、企業側がそれを知らないだけです。そもそも顧客にとって我々は“部外者”です。部外者にとって不合理に見える行動の多くは、“当事者（顧客）”が置かれた状況では至極合理的なものばかりです。理解することは可能で

すし、ある程度は変えることもできます。自分たちの合理で理解できないことを不合理と呼ぶなら、それは合理を履き違えています。

「外資とかの意識高い系企業は顧客理解やCXを進めているのかもしれないけど、ウチは経営陣が昭和でプロダクトアウトの考え方だから、そういうのはちょっと難しい」

プロダクトアウトでいいのです。無理にマーケティング先進企業の最新事例をまねようとしなくても、日本企業の文化や習慣に合った顧客理解の方法、顧客価値の生み出し方があります。それが、本書で取り上げる、プロダクト起点・サービス起点で無関心な顧客を動かす「**再解釈の技術**」です。

顧客理解は「人」を理解することではない！？

未顧客の話に入る前に、現状の顧客理解のありようと課題について簡単に認識をそろえておきたいと思います。昨今のビジネスでは、顧客視点を持つことが大切であるとよく言われます。性・年代や価値観、ライフスタイルといった顧客の属性や内面の特徴などを記述した「ペルソナ」「ターゲットプロファイル」を作ったことがある読者も多いかと思います。それらは、「ウチの顧客はこういう人たちだよね」という理解の仕方です。しかし、**実は理解のフォーカスを“人”に合わせている限り、顧客視点で物事を捉えることはできません**。これは、恐らく顧客理解に関して最も勘違いされているポイントです。人を見ようとすると、あくまで「企業の視点」から、その人（顧客）がどう映るか、どんな特徴を持った人か、他の顧客層とどう異なるかという相対的・客観的な俯瞰に終始することになります。分析者（マーケター）と分析対象（顧客）、見る側と見られる側という関係になるため、顧客は見えても、「顧客が見ている視点で物事が見えるわけではない」のです。

顧客視点を持つために必要なのは、客観的な特徴や属性の理解ではなく、主観的な**行動原理の理解**です。社会学者の岸・石岡・丸山（2016、p.130）は**人ではなく、「人びとの対峙する世界」**に焦点を当てるべきであると述べています。顧客の内面や人となりを記述するのではなく、顧客が置かれた文脈や状況の理解に努め、**顧客が見ている世界を見る**ということです。特に重要なのが、「**顧客の合理**」を理解することです。よく顧客は不合理だと言いますが、顧客には顧客の合理があります（Drucker, 1964）。顧客が不合理に見えるのは、マーケター自身が慣れ親しんだ既知の枠組み（i.e. 平均的な顧客像、想定利用シーン）の中で顧客の言動を解釈しようとするからです。顧客視点を持つためには、そうしたマーケターの合理を手放して、「顧客の合理」で物事を解釈する術を身に付ける必要があります。

特定の状況に置かれた人間がどんな視点で物事を捉えるのか。そこで起こった出来事に対してどんな反応をするか。その文脈に限って合理的な行動とは何か。顧客が置かれた文脈を理解して、その文脈に置かれた人間に共通する思考や、行動の規則性を見つけ出す。そうした視座に立つと、必然的に顧客の視点で考えることができるようになりますし、ブランドの何をどう伝えれば興味を持ってもらえそうかも見えてきます。

顧客が参加している「ゲーム」とその「ルール」を理解する

消費者のブランド選択は、昔からよくサイコロやコイン投げに例えられます。購買時の選択はサイコロのように確率的であるため、自社が選ばれる確率を高めることが重要である、という話です。このメタファーの背景には離散選択モデルという人の意思決定を表現するモデルがあるのですが、未顧客理解では、**サイコロが振られる回数自体を増やす**ことがポイントになります。

大前提として、ヘビーユーザーは何もしなくてもサイコロを振ってくれますが、ノンユーザーやライトユーザーはそもそもサイコロを振ってくれません。**未顧客に購買してもらうためには、まずサイコロを振ってもらうことから始めなければいけない**のです。そのためには、未顧客の生活文脈の中にブランドへの入り口をできるだけたくさん設けて、ブランドにたどり着く確率を高めていく必要があります。こうした考え方を**CEP（カテゴリーエントリーポイント）**と言います（Romaniuk & Sharp, 2022）。いかにCEP（購買のきっかけ）を見つけ出し、それをブランドと結び付けるか、つまり「**ブランドへの新しい入り口を設計する方法**」を解説することが本書の大きなテーマです。

未顧客理解にはインタビューや行動観察といったいわゆる「**質的調査**」も多く用いられます。岸他（2016）は、他者の合理性の理解という観点から、質的調査の役割について次のように論じています。未顧客理解の本質に通じるものがありますので、少し長いですがそのまま引用します。

> *私たちの社会は、複数の、お互い矛盾する「ゲーム」で構成されています。…（中略）…このように、私たちの日常にはたくさんのゲームが同時に行われていますが、ほとんどの場合それらはお互いに矛盾します。そして、そのなかのどのゲームに参加するかは、行為者の選択に任されています。ところが、私たちはしばしば、そのうちのひとつのゲームしか見ようとしません（そしてそのゲームとは、要するに「自分が勝ちやすいルールのゲーム」だったりします）。そうすると、ただ単に、特定のゲームにおいてわざわざ負けることを選んでいるようにしか見えないのです。しかしよく調べ*

> *てみると、実は別のゲームがその場で作動していて、むしろそちらに参加しているのだということがわかってくる、ということはよくあります。社会学者はこうした「もうひとつのゲーム」の存在を明らかにするのです。(岸他, 2016, p31-32)。*

ヘビーユーザーやファン向けのマーケティングであれば「顧客にはこういう特徴や傾向がある」というプロファイルが役に立つかもしれません。しかし、ノンユーザーやライトユーザーに買ってもらうということは、ブランドに興味がない人に、いつもと違うシーンやタイミングでモノを買ってもらうということです。従って、**「基本的にこういう特徴や傾向がある」という理解ではなく、むしろ「その基本的なプロファイルから外れるとき」の理解の方が重要**になります。

一歩離れた場所から見渡して客観的な理解をするのではなく、未顧客が置かれた状況に自分を写像して、未顧客が参加しているゲームを主観的に疑似体験してみましょう。いつもと違う価値観で行動するのはどういうときか、どういう状況であればいつもと違うブランドを選ぶのか。未顧客にモノを売るには、未顧客が参加しているそうした**ゲームのルール（合理性）**を理解し、それに合わせて**ブランドを再解釈**することで、ブランドが使われる新しい機会を生み出す（＝サイコロが振られる回数を増やす）必要があります。

大切なのは購買行動の規則性や法則性に気付くこと

少し理系思考の話をします。業務の中でデータを扱うビジネスパーソンの数は増えましたが、データからマーケティングをつくれる人はあまりいません。今は高度な統計モデルでもPythonなどですぐに実装できますが、実は大切なのは、その**モデルの背景にある購買行動の規則性を理解し、ビジネスで再現すること**です。そのモデルが人間の購買行動のどういう側面を捉えているのか、どんな特性を表しているのか、それを目の前の状況に当てはめると何が起こるのか。そうした法則性や規則性を念頭に置いて顧客を見ると、今までとは違う視点でマーケティングを考えることができるようになります。そして未顧客理解とは、まさにそうした視点の転換を求められるテーマなのです。

例えば、そうした規則性の一つに「**ゼロオーダー**」があります。消費者が今回何を買うかは、前回いつ何を買ったかとは無関係にその都度決まるという仮定です。購買の選択肢に入るブランドは、消費者それぞれの好み（ブランドに感じる効用）に応じていくつか決まっています。そして、その好みに基づいて各ブランドを選ぶ確率が決まります。例えば、筆者が缶コーヒーを買うとき選択肢に入るのは、サントリーのボス、コカ・コーラのジョージア、UCCのBLACK無糖で、それぞれを60%、30%、10%の確率で選んでいるとします。ゼロオーダーとは、前回はサントリーのボスを購入し、製品に満足していたとしても、今日はそれとは無関係に3つの缶コーヒーブランドから1つを確率的に選ぶということです。1回1回はランダムに選んでいるように見えますが、長期間で各ブランドの購買回数を集計すれば、全体の60%はサントリーのボス、30%はコカ・コーラのジョージア、10%はUCCのBLACK無糖という比率に近づいていきます。

マーケターが購買行動にどんな法則性、規則性を見いだすか次第で、マーケティング戦略も変わってきます。例えば、缶コーヒーのリピート購入を増やしたい場合、どんな戦略を考えますか。**図表0-1**を見てください。

よくあるのは、満足度やロイヤルティを高めるという方向性ですね。

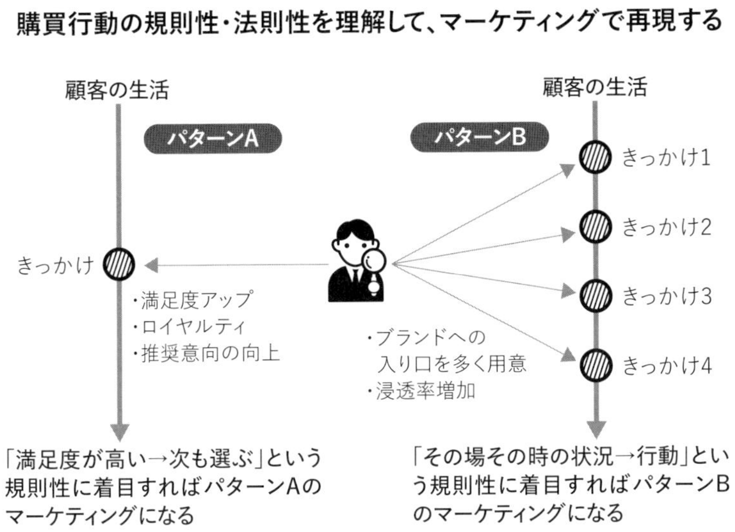

図表0-1　購買行動の規則性・法則性

「満足度が高い（理由）→次も選ぶ（行動）」という規則性に着目すれば、**図表0-1**のパターンAのマーケティングになります。しかし、満足度だけで選ばれるなら、効用が最も高いサントリーのボスが常に選ばれるはずです。しかし現実はそうなっていません。30%はコカ・コーラのジョージア、10%はUCCのBLACK無糖が選ばれています。ここで、**「満足度やロイヤルティは購買決定要因ではなく、むしろ誤差なのではないか」と発想すると、全く異なるマーケティングになります。**

先のゼロオーダーが意味するのは、消費者は購買のたびに毎回サイコロを振っている、つまり、**その場その時の状況や文脈次第**で選んでいるということです。それに気付くことができれば、「その場その時の文脈→行動」という規則性に基づいたパターンBのマーケティングの方が行動の本質に近いことが分かります*。実際に、第3章を読んでいただくと、**リピート促進はロイヤルティや満足度を高めるゲームに見えて、実は浸透率を増やすゲーム**であることがお分かりいただけると思います。

＊規則には例外があります。例えば、バラエティーシーキング行動（毎回違うブランドを試してみたい）やサブスクリプションなどの定期的な購買はゼロオーダーの外にあり、また別の法則に支配されています

このように、ノンユーザーやライトユーザー向けのマーケティングは、「**Aだと思い込んでいたことが、実はBだった**」ということが頻発する世界です。ですので、今まで当たり前と思い込んで来たマーケティングの定石や、いつも念頭に置いているターゲット像をいったん忘れて、**顧客を**「**知り直す**」ことが大切です。そして、そうした「知り直し」のためには、マーケティング以外の分野に目を向けることも有益です。

人間の認知や行動を理解するための知見は、マーケティング以外にもさまざまな分野に転がっており、そうした知見を組み合わせることで、「未顧客理解」のような難しいテーマにも取り組むことができるようになります。例えば、未顧客理解の背景には、負の二項分布という確率分布が示唆する「**ダブルジョパディ**」という現象があります。これは、購買行動に関する重要な規則性を示しているのですが、少々近寄り難い“数式の姿”をしています。そこで、心理学や文化人類学、認知行動療法といった分野で明らかにされた別の知見を援用すると、**数学的なロジックを実務で扱えるアクションに落とし込むことができる**のです。本書ではそうした理系思考と文系思考をつなげたアプローチを紹介したと思います。

未顧客理解の理論的背景と実務手順をバランスよく解説

マーケティングの世界には、証明もされていない「法則っぽい話」やエビデンスの欠けた「名言・格言の類」もたくさんあります。インターネットで少し検索するだけで、いくらでもまことしやかなマーケティング論を見つけることができます。ネットの記事が玉石混交というのはどの業界でもある話ですが、マーケティングの場合、オーサーシップがはっきりしている理論書や有名マーケターによる書籍の一部にも、そうした再現性の根拠があやしい話が紛れ込んでいます。

私は、キャリアの前半をマーケティングサイエンス中心に、後半を行動観察やナラティブアプローチ中心に過ごしてきました。前者は数学や統計学の世界、後者は心理学や社会学、文化人類学の世界です。そうした背景もあって、さまざまなバックグラウンドの方と交流があるのですが、専門分野を持ちつつ実務で場数を踏んだ方の話を聞いていると、自分で勉強して実践し、失敗を繰り返した末にかみ砕いて、自分の血肉としていることがよく伝わります。**「理論も実践も分かってやっている」から再現できる**わけです。しかし、彼・彼女らはプロの教師ではないので、自分の経験として物語ることしかできません。そこで重要な前提条件や手順、手法の限界などがそぎ落とされた結果、手っ取り早く「こうするといいらしい」だけが独り歩きしてしまう、という構図になっています。

そうした背景を鑑みて、本書では、読解の妨げにならない範囲でエビデンスを示し、**「なぜそうするのか」**という根拠を明確にしながら、未顧客に対するマーケティングの理論背景と実務手順をバランスよく解説していきたいと思います。

本書の構成

第１章では、未顧客理解とは何か、なぜ未顧客理解が重要なのかという視点や背景を見ていきます。第２章では、未顧客を理解してブランドの新しい利用機会を生み出す「再解釈」の技術を、チーズケーキという身近な商材を例に体験していただきます。第３章では、現在主流とされているSTP戦略やロイヤルティ戦略と未顧客へのマーケティングの違いを比較しながら、未顧客理解で押さえるべきポイントを俯瞰します。

続く第４章では、そうした違いに基づく「未顧客理解の５つの基本原則」とその背後にある理論を学び、無関心層を動かす実践的なスキルを身に付けます。最後の第５章では、第４章までに学んだ原則とスキルを用いて、商品開発や広告コミュニケーション開発における課題解決を考えていきます。また、理屈だらけのマニュアルになってもつまらないので、マンガや図表を豊富に用いて、視覚的にも実践的な引き出しを増やせる構成を目指しました（**図表0-2**）。

本書の構成

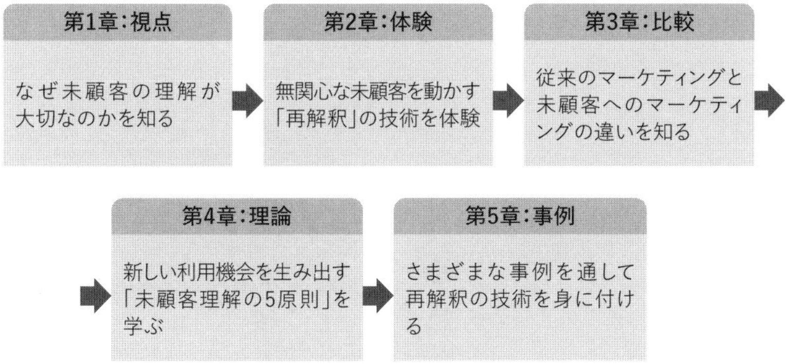

図表0-2　本書の構成

目次

第4章 新しい利用機会を生み出す「未顧客理解の5原則」

第5章 ブランドの再解釈：ケーススタディ

第1章

なぜ“未顧客”理解なのか

1-1

見えているようで、見えていない「未顧客」

「新規顧客獲得」「市場の拡大」「新しい利用機会の創出」――。ビジネスの現場でよく出くわすテーマです。どんな企業のどんな商品でも、市場の大部分は「**買ってくれないノンユーザー層**」と「**買ってくれても年1、2回程度のライトユーザー層**」が占めています。本書ではこうしたノンユーザーとライトユーザーに、「**平均的なターゲット像に当てはまらない少数派の顧客**」を加えて「**未顧客**」と呼称します。

どんな企業であっても、事業の成長には未顧客の新規獲得が必要です。しかし多くの場合、肝心の未顧客が見えていないのが実情です。

「データがあるから顧客理解ができている」とは言い切れない

皆さんの会社にも、何かしらお客さんに関するデータがあると思います。例えばデジタルマーケティングを実施しているなら、プラットフォームにデータが蓄積されているはずです。しかし、そのデータは基本的に**顧客のデータであり、未顧客のデータではありません。**

デジタルマーケティングの性質上、得られるデータは、「検索する」「カートに入れる」といった何らかの購買行動にひも付いています。「購買行動」にひも付くということは、ロイヤルティが高い顧客ほどデータは集まりやすく、逆にブランドへの興味・関心が薄い未顧客ほどデータは集まりにくいということです。また顧客については意味のあるデータを集めることができますが、未顧客のデータはほとんど情報量のないスパースなデータになります。つまり、ブランドに対して既に興味や関心を持っている「顧客」については情報が集まっても、何も行動を起こしていない、**ブランドを意識すらしていない「未顧客」の情報は集まらない**わけです。

データや指標を頻繁に見ていると市場全体を理解している気になりますが、実は既に自社に興味を持っている一部の顧客しか見ていないのです。「獲得できたデータの範囲内で分かることが顧客理解のすべてだ」と思い込むのは危険です。それだと、事業の成長を左右する「未顧客」が見落とされ、非常に視野の狭い理解になってしまいます。

顔が見える顧客と、顔が見えない未顧客

同様の問題は、接客販売や営業といったリアルの場面でも起こります。フロントで毎日顧客と会って話をしている販売や営業の担当者は、自分が一番顧客を理解していると思いがちです。しかし、そうした担当者に「来店していない人」について尋ねると、「**それは顧客じゃないから分からない**」という答えが返ってきます。本当にそうでしょうか。自分が会っている（＝顔が見える）人が顧客で、会っていない（＝顔が見えない）人は顧客ではないのでしょうか。企業に届く声は大事で、届かない声は大事ではないのでしょうか。

販売や営業の担当者に「売り方や見せ方を変えれば、来店していない人も来てくれるようになるかもしれないですよね？」と提案しても、かなりの確率で返答に窮されてしまいます。「**顔が見えている顧客**」がなぜ買ってくれたのかについては想像できても、「**顔が見えない未顧客**」

がなぜ買ってくれないのかについては想像が及ばないわけです。実は多くのビジネスパーソンの中に、このような「**顔が見える顧客が市場のすべてだと思ってしまうバイアス**」が存在しています。

未顧客理解は「無知の無知」の状態にある

これらの例に共通するのは、「顔が見える顧客」には大なり小なり注意が向いても、**「顔が見えない未顧客」には、そもそも注意が向かない**ということです。未顧客を理解していないというより、その存在自体が意識の外にあるため、理解以前に視界に入ってこない、いわば「**無知の無知**」と呼ぶべき状態にあるわけです。そのことにまず気付いていただきたいと思います。

しかし、未顧客理解にはジレンマもあります。先に述べた通り、未顧客は自社ブランドに対して興味もなく購買行動も起こしていないため、データがありません。しかしデータがなければ、「どうしたら興味を持ってもらえるか、買ってもらえるか」という打ち手を考えることもできません（図表1-1）。デジタルマーケティングや店頭販売を例に出しましたが、データに基づいて意思決定することが多くなった現代では、営業部、広告宣伝部、商品開発部などの方にも同様に当てはまる問題です。

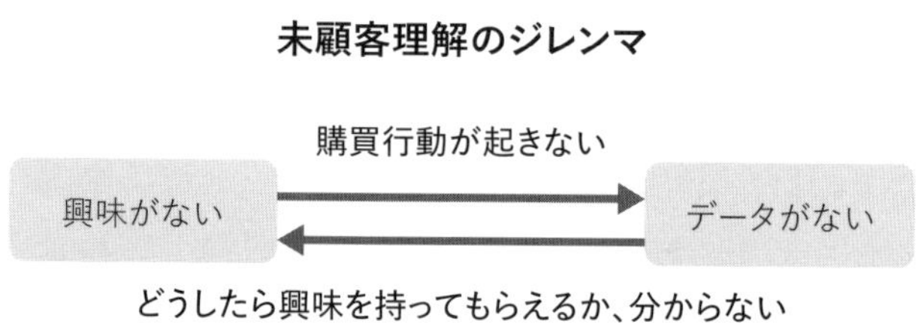

図表1-1　未顧客理解のジレンマ

1-2

未顧客に注目する理由

既存顧客向けの施策だけでは駄目なのか？

未顧客については「無知の無知」の状態であり、認識すらされていない場合が多いわけですが、ではどうして未顧客がそこまで重要なのでしょうか。既存顧客こそ大切、そう思われた読者もいらっしゃるでしょう。本節では、これまで当たり前とされてきたマーケティングの常識を見直して、なぜロイヤル顧客やファン向けの施策だけでは不十分なのかを説明します。

皆さんに1つ質問します。ブランドが成長する上で、次に示す［A］と［B］のどちらが重要だと思いますか？　小売価格は変えられないという前提で考えてください。

［A］ **既に何回も買ってくれている人に、追加でもう1回買ってもらう（既存顧客にもう1回買ってもらう）**

［B］ **今まで買ってくれなかった人に、新しく1回買ってもらう（新規顧客を1人増やす）**

売上は「**総購入回数×平均単価**」と計算できますから、掛け算をすれば［A］も［B］も同じです。しかし短期的な売上を意識すると［A］の既存顧客に目が行きがちになると思います。既存顧客はリーチしやすく購買実績もあるので、ファンやリピートを増やす施策が好まれる傾向があることもうなずけます。

また「既存顧客の方が施策コストも安く、リターンが大きい」と思われた方もいるでしょう。実際、顧客の離反を防止することの恩恵について、コトラー他は「新規顧客獲得には、既存顧客を満足させ維持するのに要するコストの5倍もかかる可能性がある」「業種によって異なるが、顧客の離反率を5%減らせれば、利益は25〜85%増加する」と述べています（Kotler & Keller, 2006 月谷訳 2008, p.195）。聞いたことがあるという読者もいるかと思いますが、こうした話は「1：5の法則」や「5：25の法則」などと呼ばれ、既存顧客の維持やロイヤル顧客育成のエビデンスとしてよく例示されています。しかし一方で、実はそこまで一般化できる話ではなく、また誤った認識であるという指摘もあります（East et al., 2006; Sharp, 2010）。

この話の出どころをたどるとライクヘルドらの論文（Reichheld & Sasser, 1990）に行き着きます。原文の該当箇所を要約すると、離反率を10%から5%に減らすと顧客が0人になるまでの期間が倍になる*ので、その分顧客1人当たりのキャッシュフローも増える（クレジットカード企業で75%、業界により25〜85%増える）と言っているのですが、これを、"たった5%離反防止するだけ"で収益を大きく増やせると一般化するのは間違いです。これは「パーセント（%）」ではなく「パーセントポイント（%pt）」の減少だからです。

* 「1/離反率」と計算した場合。ただし、この方法でLTVを計算すると過大評価されやすくなります

パーセントとパーセントポイントはよく混同されていますが、意味

が全く違います。離反率10％を「5パーセント」減らすというのは、元の離反率10％に対して、10％×0.05=0.5％減らす、つまり離反率を10％から9.5％にするという意味です。しかし離反率10％を「5パーセントポイント」減らして離反率5％にするということは、例えば1000人の顧客のうち、もともと100人だった離反者を50人にする、つまり離反を半分にするということです。これは“たった5％”の離反防止ではなく、“50％もの”離反防止です。離反率を半分にすることができれば、収益が大幅に改善するのは当たり前です。こうした誤解を招くので、内閣支持率を伝えるニュースなどでは「前月に比べてXポイント上昇してY％になった」という言い方をしていると思います。もし本当に顧客維持率を5％改善するだけで大きく収益が伸ばせるのであれば魅力的ですが、残念ながらこうした**パーセントとパーセントポイントの取り違えにより過度に一般化されているだけ**で、再現性が確認された話ではないということです。

むしろ、エビデンスがあるのは［B］です。さまざまな研究により、ブランドの成長に直接影響を及ぼすのは**浸透率（顧客数）**であることが確認されています。例えばBaldinger et al.（2002）は、300以上のブランドを5年間のインターバルを設けて観測した結果、成長のキードライバーは浸透率であり、ロイヤルティはそれを推進・維持すると述べています。売上や市場シェアの増加に直接影響するのは浸透率であり、既存顧客のロイヤルティは、どちらかというと補助的な役割だというわけです。

より最近では、1998年から2016年までの約500ケースに及ぶマーケティング施策と成果の関連性を分析したレポートの中で、Binet & Field（2017, p.5）が「マーケティングは依然として数のゲームである。

ブランドの成長は主に浸透率の増加によってもたらされるのであって、ロイヤルティではない（筆者訳）」と結論付けています。この研究は、マーケティングの効果を扱った研究の中では、期間の長さもサンプル数の多さも他に類を見ない規模のものです。著者らは、なぜ既存顧客へのマーケティングでは十分でないのかについて、次のような点を指摘しています。

(1) ヘビーユーザーは絶対数が少ない
(2) ヘビーユーザーにさらに購入してもらうのは難しい
(3) 既存顧客の認識や行動を広告で変えることは難しい
(4) 既存顧客へのアクティベーション施策[*1]は効果期間が短い
(5) ROI[*2]を成果指標として追っても売上のトップラインが増えるわけではない
(6) ロイヤルティは、ロイヤルティ施策によって高まるのではなく、浸透率の増加に伴って高まる

＊1　その場で購買行動を起こしてもらうタイプの施策
＊2　Return on Investmentの略。利益成長÷マーケティング投資

(1) (2) (3) については、顧客を“1人の人間”として捉えれば直感的に理解できます。例えば一般消費財を想定してみましょう。そうした商品は月々の生活費から購入すると思いますが、生活費のうち、何にいくら使えるかはほぼ決まっています。既存顧客は既に商品を購買している人たちなので、追加で買ってもらいにくいわけです。何通DMを受け取ろうが、広告が最適化されようが、消費量が大きく変わることはありません。次回購買時のリピートを促しているという見方もできますが、ヘビーユーザーは時間経過とともにライトユーザーに落ちる傾向があります。例えば、「お気に入りのレストランを見つけて最初は足しげく通っていたが、特に理由もなくある時を境にパタッと行かなくなった」とい

うような経験はないでしょうか。ヘビーユーザーの間でもこれが起こります。ヘビーユーザーはライトユーザーに戻りやすく、逆にライトユーザーがいきなりヘビーユーザーになることもあるわけです。これは時系列データでよく見られる**平均への回帰**と呼ばれる現象で、施策を打って止められるものではありません。

(4) (5) に関しては、良い面と悪い面があります。良い面としては、Binet & Field (2017) の研究においても、既存顧客に向けたアクティベーションは短期的な売上に対する効果があることが認められています。しかし、そうした施策では成果指標としてROIが採用されることが多く、ターゲットが狭くなる傾向にあります。コストを小さくすれば数値上はROIが大きくなるからです。しかしそれだと長期的な成長に必要な浸透率が伸びません。また、同じターゲットに対して施策を重ねるほど効果は逓減（同じコストを投下してもそこから得られるリターンが減っていく）しますから、既存顧客のROIを追うだけで売上のトップラインが伸びるわけではないのです。実際、Binet & Field (2017) のレポートでも売上とROIの間には有意な相関は認められず、浸透率とROIに関してはマイナスの相関が報告されています。

事業成長は基本的に投資なので、コストを減らして数字を大きく見せるのではなく、コストを増やしてリターンをさらに増やす、という順序でないと機能しないわけです。(6) については「ダブルジョパディ」という現象が関わってきます。これについては第３章で詳しく解説します。

未顧客こそが「宝」

では、どうしたらいいのでしょうか。アレンバーグ・バス研究所のバイロン・シャープ教授は**ライトユーザーを増やしなさい**と言っています。どんな商材カテゴリーでも、シェア上位のブランドと下位のブランドで大きく異なるのは浸透率であり、売上やシェアが増えるときは、必ずライトユーザーが増えるからです。**図表1-2**を見てください。売上を構成する「顧客数」と「購買頻度」の関係は、このような**負の二項分布**（**NBD**; Negative Binomial Distribution）で表されることが知られています（Ehrenberg, 1959）。

このグラフから分かる通り、ノンユーザーやライトユーザー（横軸が小さい値）の顧客数は極端に多く、何回も買うヘビーユーザー（横軸が大きい値）になるほど顧客数は激減していきます。ブランドがこの分布

負の二項分布（NBD）：売上を構成する顧客数と購買頻度の関係を表す

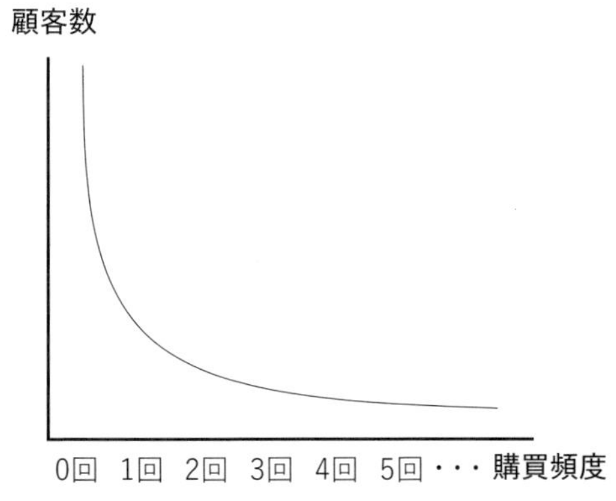

図表1-2　負の二項分布（NBD）

に従って成長するということは、**年に1、2回しか買わないライトユーザーを多く取り込みながら成長する**ということです。どこの国でも、どんな商品カテゴリーでも、大半のブランドがこの分布に従うと考えられています（Sharp, 2010; Romaniuk & Sharp, 2022）。従って、購買頻度が高いヘビーユーザーだけを増やして右に偏った分布にしようとしても、そういう増え方にはならないわけです。ですから、ライトユーザーを増やすこと、特に購入回数が０回の非購買層に１回買ってもらうことが重要になります。つまり、あまり買ってくれない未顧客こそが、ブランドにとって「宝」なのです。

1-3

未顧客を理解するための原則

未顧客理解の難しさ

こうした未顧客の重要性については数々の研究や書籍で明らかにされてきたのですが、肝心の「どうしたらライトユーザーを増やせるのか」「興味を持ってくれない人にどのようにアプローチして、利用機会を生み出せばよいのか」といった、未顧客の理解や獲得に関するナレッジは驚くほど蓄積されていません。

ペルソナにしろカスタマージャーニー[*1]にしろ、CRM[*2]にしろCDP[*3]にしろ、すべて「ブランドにひも付くデータを集めることができる顧客」の話です。マーケティング関連の書籍やウェブコンテンツも、ファンマーケティングやブランドロイヤルティに代表されるような「顔が見えている顧客」を前提とした話が多い印象です。未顧客に関しては、データが集まりにくいというジレンマに加えて、**そもそも「顔が見えない無関心な人たちをどのように理解すればよいのか」という議論が不足しているように**思います。

＊1 顧客がブランドを知って、購入するまでのプロセスを旅のように見なして理解する手法
＊2 Customer Relationship Managementの略。日本語では「顧客関係管理」。LTVやロイヤルティの向上などを通して売上拡大を図る手法
＊3 Customer Data Platformの略。顧客データを収集、統合して、施策としてのCRMを実行するプラットフォームのこと

さらに、これは未顧客に限った話ではありませんが、**そもそも顧客視**

点や顧客理解は社会人として働いていれば自然に身に付くスキルではないという側面もあります。たとえマーケティング部門に在籍していても、現在の通常業務で顧客視点を身に付けるのはかなり難しいと思います。なぜなら、日々の業務ではマーケティングの限られた狭い範囲しか見ていないからです。以前は少し違いました。かつてマーケティングといえば、前例もマニュアルもない中、全部一人で考えるのが当たり前でした。そこでモノを価値に変えていくプロセスの全体感が養われたわけです。

しかし、若いうちからブランドを任せてもらえる外資系は別として、内資のマーケターの仕事は、販促、小売店への営業、広告代理店とのやりとり、最近ではデジタルプラットフォームでのABテストや最適化作業などが大部分を占めます。顧客と向き合うことがほとんどないため、「今、ブランドに不足しているものは何か、どうすれば事業として成長させることができるか」という大局観が養われません。

この大局観を別な表現にすれば「手続き的知識」、心理学では「**スキーマ**」と言います。例えば自動車を運転するとき、いちいち運転マニュアルを見ませんよね。まずシートベルトを締めて、エンジンをかけて、ミラーや座席の高さなどを調節して、というような手順は意識しなくても分かると思います。これは車を走らせるためのスキーマ(手続き的知識)が頭の中にあるからです。しかし、車を運転したことがない人にはこのスキーマがありません。

顧客理解も同じことで、限られた範囲のルーティンを繰り返していても「顧客理解のスキーマ」は養われません。受け皿となるスキーマがなければ、いくら上司が指導してもマーケティング本を読んでも、“点”の知識が増えるだけです。それをどう自分の業務に結び付ければよいのか、アクションとして再現すればよいのかという“線”でつながらないわけです。

すると、自分の知っている範囲で済ますようになります。デジタルマーケティングはその最たる例です。**デジタルデータで分かることが顧客理解、ツールを操作することが顧客体験の最適化、なぜかは分からないがCVR*が0.1%上がることが価値創出だと錯覚してしまう**わけです。

＊Conversion Rateの略。サイトなどの訪問者のうち、実際に購入などに至った人の割合

文脈を変えれば興味関心は「作れる」

ノンユーザーやライトユーザーを獲得する上で、実務上最も重要なポイントは、「**未顧客の文脈に応じてブランドを再解釈することで、興味関心を持ってもらうこと**」です。第1章の残りのページを使って、「文脈に応じてブランドを再解釈する」とはどういうことか、身近な例でイメージをつかんでいただきたいと思います。

いきなりですが、お風呂が嫌いな子供って多いですよね。知り合いの保育士さんから聞いたのですが、お風呂嫌いな子は、お風呂を「遊びの

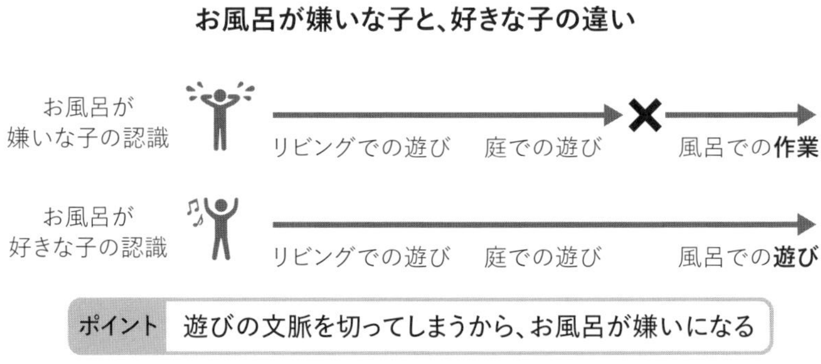

図表1-3　お風呂が嫌いな子と好きな子の違い

邪魔をするもの」と認識しているそうです。せっかく楽しく遊んでいたのに、お風呂のせいで遊びを中断しなければならなくなり、寒い（もしくは暑い）中で体をきれいにするという面白くない作業をしなければならない、だから「お風呂は嫌い」となるそうです。逆に、お風呂に抵抗がない子は、お風呂を「遊び場の一つ」と認識しているそうです（図表1-3）。

その保育士さんは、子供に「なぜお風呂に入らなければいけないのか」「お風呂に入るとどんな良いことがあるのか」と言って聞かせるのではなく、**お風呂に入ること自体が遊びになるようにする**そうです。水鉄砲やアヒルなどのおもちゃをそろえ、「お庭で土遊びをしたら、次は、お風呂で水遊びしよう」などと声を掛けます。もちろん水遊びだけでなく頭や体も洗ってもらわないといけないので、泡が立ちやすいシャンプーを選び、「泡で変身しよう（髪を泡で変形させる遊び）」といった、水遊びが洗髪行動になるような工夫もしているそうです（図表1-4）。

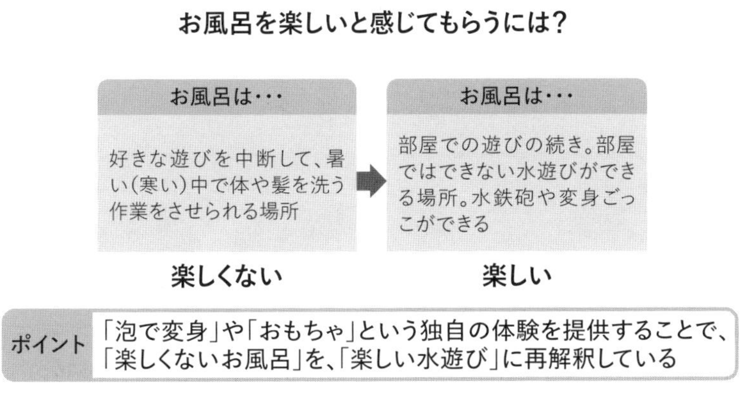

図表1-4　お風呂を楽しいと感じてもらう工夫

ここで、お風呂を**ブランド**、お風呂嫌いな子供を**未顧客**、保育士を**マーケター**と考えてみます。ブランド（お風呂）は当初「遊びを邪魔するもの」でしたが、「水遊びをする所」として**再解釈**することで、未顧客（子供）への興味関心を生み出しています。つまり、文脈を変えて興味関心を作ったわけです。

先の保育士さんの方法は、お風呂の機能をただ伝える（体をきれいにする）のではなく、子供の欲求（遊びたい）を満たすように、お風呂の特徴（水回り）を生かした体験（髪を泡で変形させる遊びの楽しさ）を提案しています。これにより、遊びたいという「欲求」、お風呂に入るという「行動」、楽しい水遊びという「報酬」の間に**新しいループ（利用機会）**が生まれ、そこにブランド（お風呂）を位置付けているわけです（**図表1-5**）。このように**再解釈したブランド**（お風呂）の価値を効果的に伝えるためのメッセージが、「お庭で土遊びをしたら、次は、お風呂で水遊びしよう」「泡で変身しよう」といった声掛けです。ブランド（お風呂）

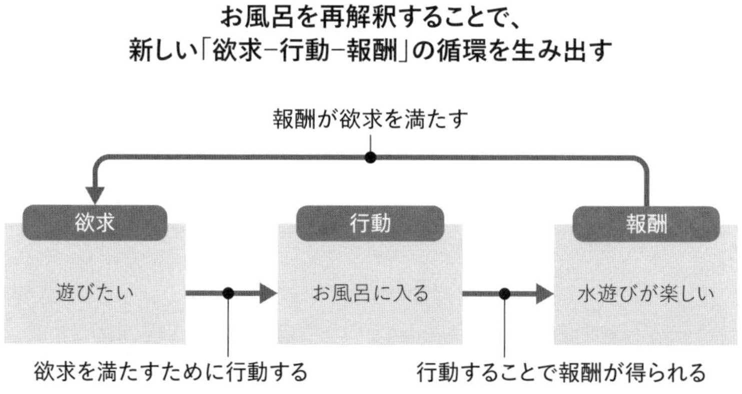

図表1-5　お風呂を再解釈する

が未顧客（子供）にとって、どんなシーンでどんな報酬になるのかを端的に表す良いキャッチコピーです。

もちろんこれだけで、全員がお風呂を好きになるわけではありません。大事なのはそこではなく、「ブランドへの入り口が1つ増えれば、それだけ浸透率も高まる」ということです。繰り返しになりますが、未顧客に対してはまず手数を増やして、ブランドへたどり着く確率を高める必要があります。ですからこのように、ブランドへのミクロな入り口を生活の中に作っていくことが市場拡大のカギになるのです。

日本企業の「プロダクトアウト文化」に寄り添う再解釈の技術

お風呂の話を通して、「ブランドの再解釈」のイメージをつかんでいただけたでしょうか。「なるほど」と思っていただけたとしたら、きっとこの本を楽しく読むことができるでしょう。

第１章の最後に、日本のビジネスパーソンが「ブランドの再解釈」の技術をマスターする意味を考えます。マーケティングと経営が非常に近く、文化としても実務としても顧客視点が染み付いている外資系企業と違い、日本企業で「最初から最後まで徹底した顧客起点」を実現するのはすぐには難しいかもしれません。だからといって、はやりの最新手法に飛び付くのではなく、日本企業の文化や習慣に合った顧客理解や価値創出のアプローチを考えるべきです。日本のモノ作りは質が高いので、**「プロダクトアウト」という習慣や思想に逆らわないように商品やサービスを顧客価値に再解釈する仕組み**があれば、強いブランドはつくれます。本書は、そうした再解釈のための理論と方法を詳しく解説します。

次章では、実際の再解釈をどう進めていくのか、何をインプットして何をアウトプットするのか、身近にある商品の事例を通して体験していきます。

本書の読み方のご提案

本書は、この後「ケーススタディ（第２章）」→「理論（第３章、第４章）」→「ケーススタディ（第５章）」という構成になっています。その順で読んでいただくのがお勧めですが、「未顧客理解とはどんなものなのか、先にイメージをつかんでおきたい」「理論よりアウトプットベースで理解したい」という方は、先に第２章と第５章をざっと読んでいただくと、要点を押さえやすいと思います。

第 2 章

無関心を動かす「再解釈」の技術

夜の文脈
お疲れ様でしたー
はぁ～
毎日、職場と家の往復しかしてないな。
一日の終わりに何もないのが少し物足りない
とぼ…とぼ…
物足りなさを埋めるように、コンビニの明かりに吸い寄せられる
24
ふらぁ～…
ありがとうございました～
ICE
アハハハ
まぁ…
平日の締めくくりとしてはこんなものだよね…
さてもう寝るか 充実した夜も過ごせたし、明日もボチボチ頑張ろう

ある日の仕事中
昼の文脈
お!うまそう
ちょっと疲れたし甘い物食べたいな
新発売
コンビニスイーツ
Cheese cake
商品の特徴
糖質オフで甘さ控えめ
3種類のナチュラルチーズを使用
利用シーン
ランチのデザートとして
コンビニで発売中
でも最近メタボ気味だし、健康診断で医者にも怒られたからなー
健康のことを考えないとだし、冷凍フルーツくらいにしとくかな
24
さて、昼ご飯を買いに行こう
もうすぐ12時
何にしようかなー
チーズケーキや冷凍フルーツをスルー…
冷凍食品
スルー
ありがとうございました~
今日はこれでいいか…
飲むヨーグルト
ミックスサンド

再解釈の技術を体験してみましょう

いきなりマンガを読んでいただきましたが、もし皆さんが**チーズケーキを売っている企業のマーケター**だとしたら、この登場人物にどうやってチーズケーキを買ってもらいますか？　「疲れたから甘い物が食べたい」という欲求を喚起したところまではよかったのですが、結局この男性が買ったのはサンドイッチやワイン、アイスクリームでした。チーズケーキを売っている企業からすると、この人は「未顧客」になります。本章では、このマンガのストーリーを題材として、未顧客をどう理解していくのか、チーズケーキという商材をどう**再解釈**すれば興味を持ってもらえるのか考えていきます。

第１章で述べた通り、未顧客については購買にひも付いたデータを取得できません。しかし、未顧客の行動を観察したり、インタビューをしたりすることで、このマンガのような「現在の生活文脈を表す物語データ（ナラティブ）」を得られます。そうした物語データから未顧客の行動パターンや思考の規則性を探り、それに合わせてブランドを再解釈することで、未顧客に興味を持ってもらうための打ち手を考えていきます。その後でデータを用いた検証を行います。

本章を読み進める上で先に頭に入れておくといいのは、「ターゲット*1」「ベネフィット*2」「ポジショニング*3」というキーワードです。主にこの３つを再解釈することで､新しい市場機会を考察することができます。また本章の最後では、再解釈したチーズケーキの魅力を伝える広告の骨子を作成します。

＊1　ブランドが狙うメインの顧客、ブランドの主な利用場面
＊2　ブランドが提供する、顧客にとっての良いこと、うれしいこと
＊3　どんな価値を提供するブランドと顧客に認識されているか

2-1

行動から文脈と合理を読み解く

それでは、チーズケーキのエピソードに話を戻します。ゴールは「登場人物の男性にチーズケーキを買ってもらうこと」です。まず、昼の文脈での行動とその背景を丁寧に解きほぐしていきましょう。この人は動画配信サービスで音楽を聞きながら仕事をしています。そこでチーズケーキの広告を目にします。広告の概要は次の3点でした。

商品の特徴

糖質オフで甘さ控えめ（メインで訴求している製品特徴）

3種類のナチュラルチーズを使用

利用シーン

ランチのデザートとしてコンビニで発売中

広告のような外的な刺激に対して、人間はまず本能的に反応します。疲れているから甘い物が欲しいという、本能に正直な「欲求」が出てくるわけです。ここまでを「きっかけ」「欲求」という言葉を見出しにして、**図表2-1**のような図にします。

本章では、このように、先ほどのマンガの文脈をいくつかの要素に分解しながら分析を進めていきます。**図表2-1**は、要素間の関係性を考察

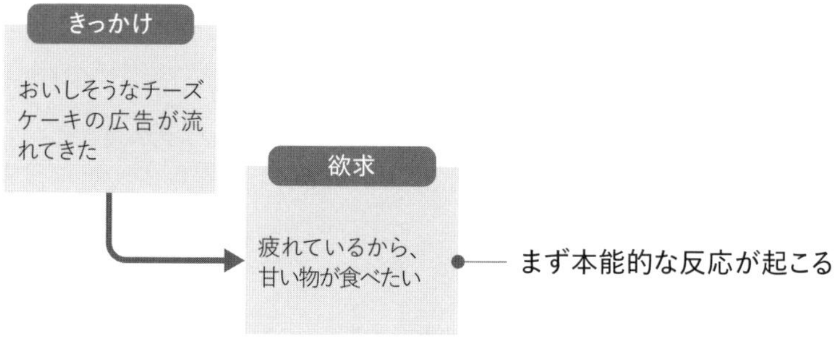

図表2-1　未顧客の文脈（その1）

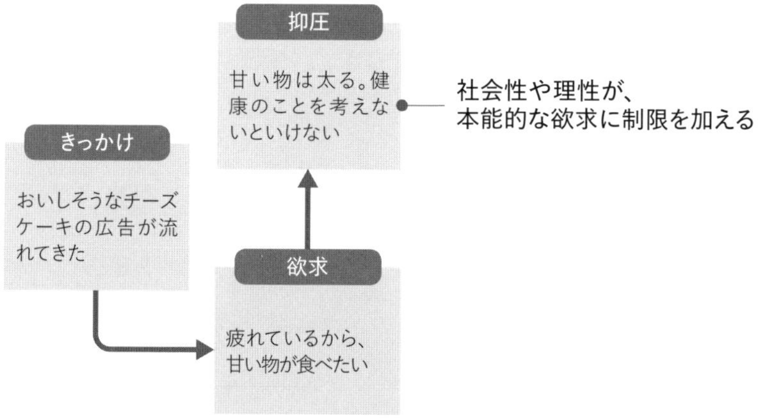

図表2-2　未顧客の文脈（その2）

するためのフレームワークの一部で、この後、徐々に完成させていきます。

説明を続けます。人は「欲求」が生まれても、すぐその通りに行動するわけではありません。マンガの中では「甘い物が食べたい」という欲求が生まれた後、すぐに「最近メタボ気味だし」とか、「健康診断で医者に怒られた」

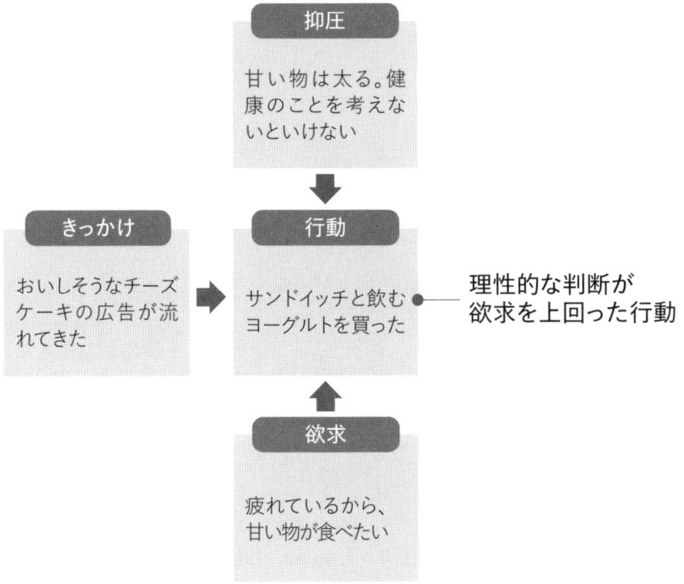

図表2-3　未顧客の文脈（その３）

とか、「もっと健康のことを考えないといけない」といった「**抑圧**」がかかっています。本能的な欲求がすぐ行動に直結するのではなく、理性や社会性による条件付けが加わるわけです。先の図に「抑圧」を加えます（**図表2-2**）。

ここで、何が起こるでしょうか。「欲求」と「抑圧」は正反対の意識ですから、「甘い物を食べたいけれど糖分を控えないといけない」というせめぎ合いが始まります。広告で「糖質オフ」という特徴も伝えてはいますが、マンガのケースでは抑圧側の意識が勝り、「甘い物」カテゴリーであるチーズケーキ自体が想起集合*から外れてしまったのでしょう。その結果、サンドイッチとヨーグルトが購入されたと考えられます（**図表2-3**）。

＊ 購買時に想起される、購買候補となるいくつかのブランドの集合

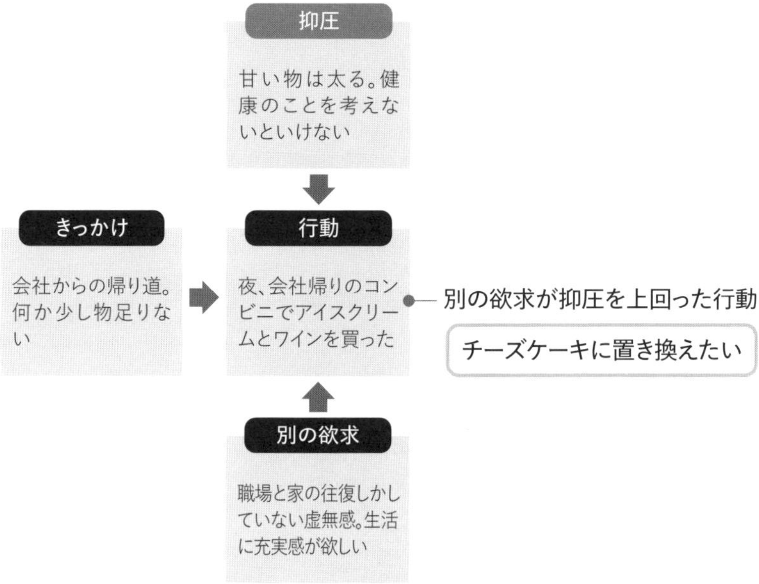

図表2-4　未顧客の文脈（その４）

マンガでは場面が変わり、会社からの帰り道になります。登場人物の男性は、夕食を買うついでにワインとアイスクリームを買いました。なぜワインとアイスクリームを買ったのか、考えてみましょう。「職場と家の往復しかしていない」「もの足りない」といった発言から、この男性は仕事ばかりの毎日に何か虚無感のようなものを抱いていたのではないでしょうか。その「虚無感」から「充実感が欲しい」という別の欲求が生まれ、それが甘い物（＝ワインとアイスクリーム）に結び付いたと推測することができます（図表2-4）。

さて、ここまで未顧客の行動を追い、その文脈を構造的に理解してきました。ではこの人に、ワインやアイスクリームではなく、チーズケーキを買ってもらうにはどうしたらいいでしょうか。登場人物の一連の行動や意識の中に、何かヒントがないでしょうか。

こういうときは、「どうしたらチーズケーキが売れるか」といきなり答えを出そうとするのではなく、「**こうした状況に置かれた人はどういう合理で物事を捉えるだろうか**」という視点で改めて文脈を俯瞰してみましょう。よく「顧客の行動は不合理だ」と言いますが、そうではなく、「**我々が気付いていないだけで、顧客には顧客の合理があるのかもしれない**」という視点を持ってみるのです。

まず行動の事実として、昼は甘い物を買っていませんが、夜の帰宅時には甘い物を買っています。

昼の文脈

甘い物を買わなかった

夜の文脈

甘い物を買った

この人にとって、なぜ昼の文脈では甘い物を買うことが合理的ではなく、夜の文脈では甘い物（チーズケーキ）を買うことが合理的になるのでしょうか。昼ならカロリー消費することもできますが、夜だと太りそうです。一見不合理に見える行動の背後にある「**本人にとっての合理性**」とは何なのか、何がその合理性を形作っているのか、という視点で行動を分解してみます。

まず、昼の文脈を**図表2-5**のように分解してみましょう。チーズケー

未顧客の行動背景を理解する

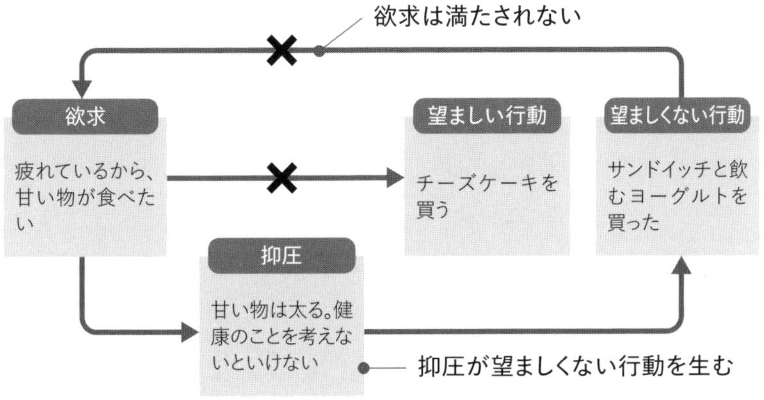

図表2-5　未顧客の行動背景（昼の文脈）

キを選ぶという行動を阻害している要因は「甘い物は太る、健康のことを考えるべき」という抑圧意識であることが確認できます。それがチーズケーキではなくサンドイッチとヨーグルトを買うという行動につながっているわけです。ここで注目したいのは、その行動では「甘い物が食べたい」という元の欲求は満たされていない、という点です。そこにブランドが介入する余地が出てきそうです。

次に夜の文脈に着目すると、「職場と家の往復しかしていない生活に虚無感を抱く、生活に充実感が欲しい」という別の欲求が登場し、それを満たすためにアイスクリームとワインが買われていることが分かります。ではこの時、何がこの登場人物にとっての「**報酬**」になったのでしょうか。報酬というのは欲求を満たすものです。物理的な報酬はアイスクリームとワインですが、それらがもたらす心理的な報酬は何でしょうか。

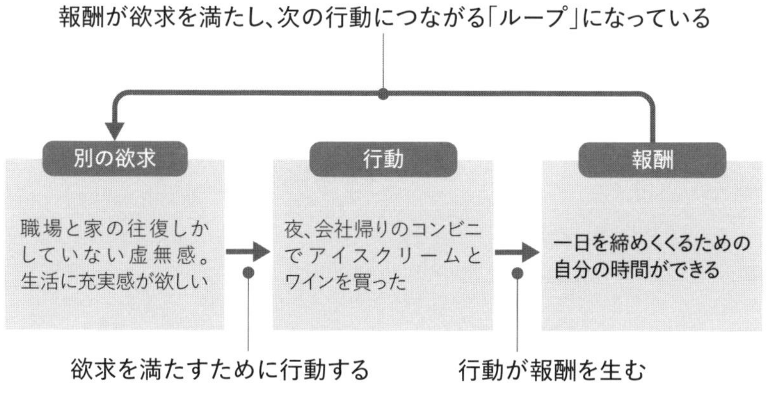

図表2-6　未顧客の行動背景（夜の文脈）

もう一度文脈を調べてみましょう。

例えば「往復」「一日の終わりに何もない」といった言葉からは、「始まりと終わりが不明瞭である」というニュアンスが感じられます。もしかすると、登場人物は帰宅してからも仕事の緊張感やストレスが続いたままなのかもしれません。そうすると、「ちゃんと一日を締めくくれること、そのための時間や場所ができること」が心理的な報酬になるのではないかと考えられます。つまり、アイスクリームとワインを利用することで１日の区切りがつき、そこで充実感を抱くことができる、ということではないでしょうか。これを図で表すと**図表2-6**のようになります。この図では、**欲求、行動、報酬がループになっている**ことが見て取れます。

2-2

ターゲット、ベネフィット、ポジショニングの再解釈

ここからが「再解釈」の話になります。チーズケーキを買ってもらうには、何を、どのように提案すればよいか、登場人物の考え方や生活文脈に即した伝え方に変えて（＝再解釈して）いきます。

改めてここまでの話を整理すると、登場人物は次のような合理で物事を捉えているのではないかと推察できます。

顧客の合理

「仕事中の昼間は健康のために甘い物を控えるべき。しかし夜は、ちゃんと一日を締めくくるために、甘い物で充実感を得ても構わない」

つまり、昼の文脈では甘い物が欲しいという欲求は健康志向の抑圧に負けてしまいますが、夜の文脈では欲求と報酬の間の結び付きが強くなるため、甘い物が受け入れられやすいと考えられます。

この合理を踏まえると、チーズケーキを買ってもらうシーン（「ターゲットシーン」と呼ぶ）を次のように再解釈すべきではないか、という示唆が得られます。

再解釈前のターゲットシーン

昼、ランチのデザート

再解釈後のターゲットシーン

夜、虚無感を抱く帰宅時

ターゲットシーンを「夜」にすると、次に考えるべきなのは、「何をどう伝えれば夜にチーズケーキを選んでもらえるか」ということです。夜の文脈では、「一日を締めくくれること」が報酬です。であるならば、その報酬とチーズケーキの**結び付きを強める**ことが効果的です(**図表2-7**)。

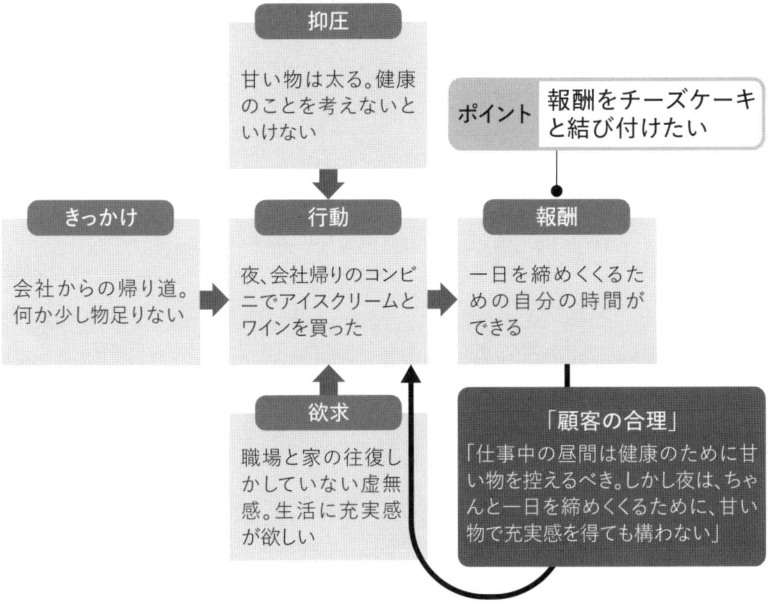

図表2-7　ブランドの再解釈（その１）

加えて言うなら、単にワインやアイスの代替品として買ってもらうのではなく、「夜の帰宅時」というシーンで、今後は真っ先にチーズケーキが想起されるような伝え方にしたいですね。その提案の骨子となる「ベネフィット」を考えてみます。

現在の広告は、次のような内容でした。

商品の特徴

糖質オフで甘さ控えめ（メインで訴求している製品特徴）

3種類のナチュラルチーズを使用

利用シーン

ランチのデザートとしてコンビニで発売中

現在メインで訴求している商品特徴は「糖質オフで甘さ控えめ」です。しかし、夜の文脈で登場人物が求める報酬は「一日を締めくくる時間や充実感が得られること」です。「糖質オフ」であることが直接的にベネフィットになる文脈ではありませんし、「甘さ控えめ」では物足りない感じがします。ここで、もう一つの「3種類のナチュラルチーズを使用」に目を向けると、ぜいたく感のある特徴と言えそうです。そこから、例えばベネフィットを「今日をちゃんと締めくくるぜいたくな時間」などとした上で、「糖質オフ」を「夜でも食べられる」というRTB*として使う、という再解釈はどうでしょうか。

＊ Reason to Believeの略。商品の訴求を信じられる根拠

再解釈前のベネフィット

「糖質オフで甘さ控えめ」

再解釈後のベネフィット＆RTB

「今日をちゃんと締めくくるぜいたくな時間」

「糖質オフだから夜でも食べられる」

「糖質オフ」は企業が苦労して開発した機能であり、商品の独自性ですから、メインで訴求したいという気持ちになるのも分かります。しかし、未顧客に価値を感じてもらうためには、未顧客の合理に合わせてブランドを翻訳する必要があります。その視点で図表2-7を見ると、報酬を**強化**するという方向性に加えて、抑圧を**弱化**するという方向性もありそうです。つまり、「今日をちゃんと締めくくるぜいたくな時間」というメッセージで心理的な報酬感を高め、同時に「糖質オフだから夜でも

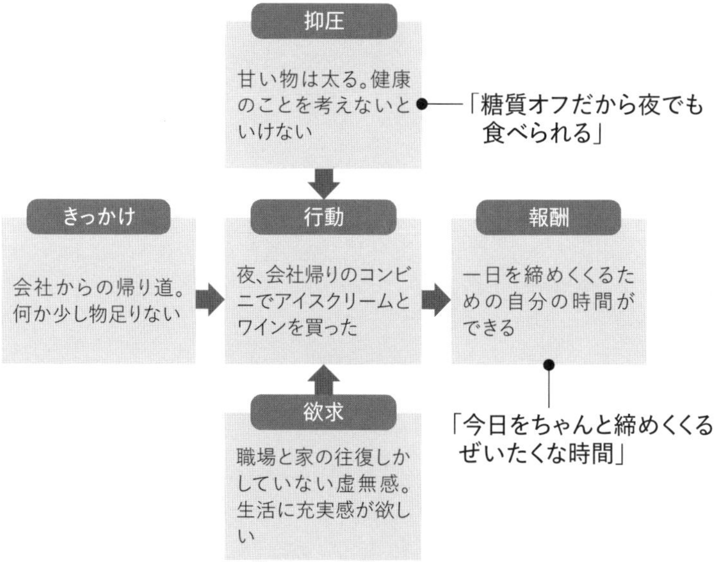

図表2-8　ブランドの再解釈（その２）

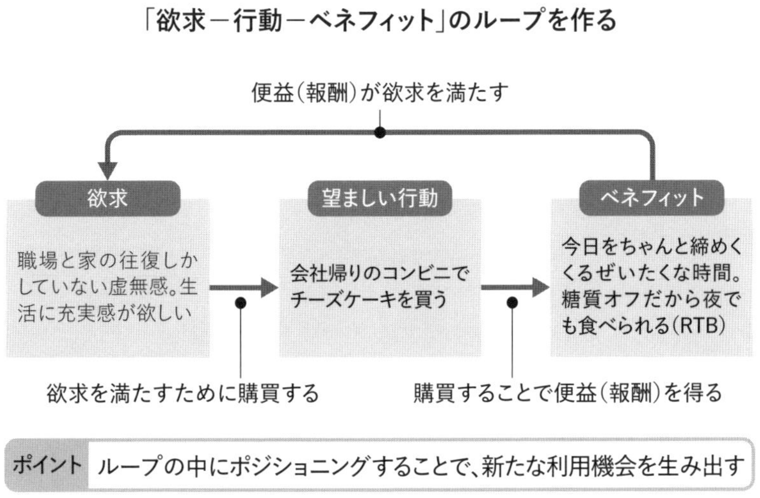

図表2-9　ブランドの再解釈（その3）

食べられる」という機能的なエビデンスを渡すことで購買の障害となる抑圧を減らす、という**図表2-8**のような対応ができるわけです。

詳しくは第4章で解説しますが、このように、**マーケティングが介入できそうなポイント（変数）をできるだけ多く見つけておく**ことも、文脈理解の重要な役割の一つです。

さて、このベネフィットを先ほどの図表2-6の報酬の所に当てはめてみましょう。すると、**図表2-9**が得られます。「欲求を満たすために購買する→ベネフィット（報酬）が得られる→報酬が欲求を満たす→だからまた購買する」というループの中にチーズケーキが位置付けられています。このループが、新しい市場機会を作る土台になります。

再解釈前のポジショニング（昼の文脈）

チーズケーキ＝「糖質オフで甘さ控えめ」→仕事中は健康のために甘い物を控えるべき→欲求は満たされない

再解釈後のポジショニング（夜の文脈）

チーズケーキ＝「今日をちゃんと締めくくるぜいたくな時間」→職場と家の往復しかしていない虚無感。甘い物で充実感を得ても構わない→欲求が満たされて次の行動につながる

図表2-9に示した新しい利用機会を拡大するには、広告コミュニケーションも変更しておきたいところです。広告を作るときは、**図表2-10**のような広告の設計図（クリエイティブブリーフ、オリエンシート）を作成します。といっても難しいことはありません。ブリーフの内容を見ていただくと分かるように、ここまでの手順に沿って再解釈を進めていれば、ほぼ自動的に作成できます。実際はその前に、再解釈したターゲット、ベネフィット、ポジショニングの妥当性を検証するテストを行うのですが、ここでは省略し、第５章で詳しく解説したいと思います。

さて、図表2-10のように「ゴール」や「ターゲット」といったセクションが設けてあると、各セクションを“埋める“ことに意識が向きがちですが、**広告設計の本質は穴埋めではなく、ブランドを顧客価値に翻訳する“ストーリー作り”**です。まず一本筋の通ったストーリーがあるべきで、それを各セクションに配置していくのが正しい手順です。

テンプレートを１つずつ埋めていこうとすると、個々に埋めることはできても、全体を見ると何か芯を食っていない感じになります。それは、

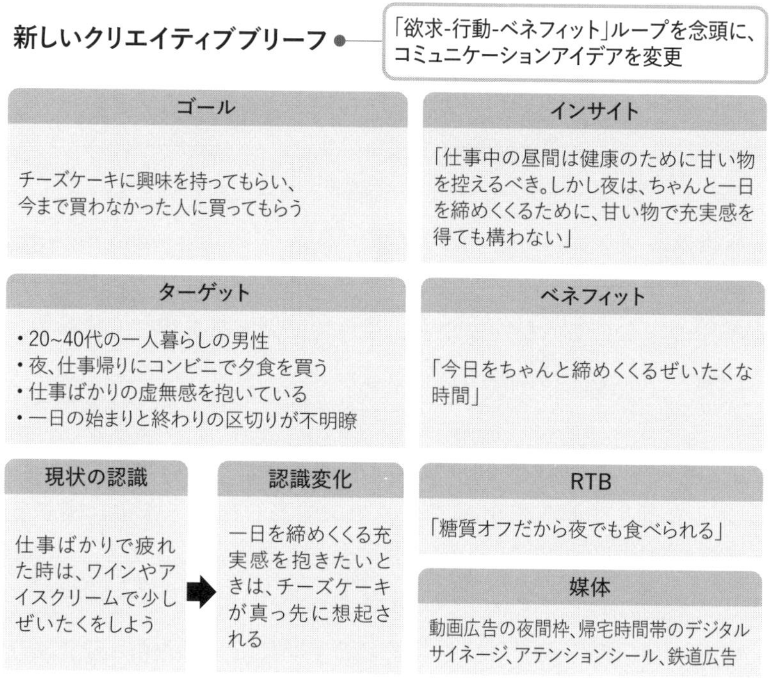

図表2-10　クリエイティブブリーフの作成

「ブランドが誰にどんな価値を提供するのか」「ブランドの特徴をどうベネフィットに翻訳するのか」といったストーリーの“根っこ”の部分が固まっていないからです。

ここまで読まれた方はお気付きかもしれませんが、ブランドの再解釈を行う過程で、その辺は徹底的に掘ることになります。つまり、「**顧客にとって本当に価値なるのはブランドのどんな側面で、それをどう伝えれば自社の独自性を生かした顧客価値を生み出せるか**」というストーリーが手元にある状態です。従って、それを分解して配置していくだけで済むわけです。セクション“それぞれ”に何を書くかと同じくらい、セクション間の“つながり“も大切にしてください。広告開発のみならず、商品コンセプトの開発においても同様です。

本章で示した再解釈は一つの例です。皆さんにとって、もっと腹落ちするストーリーが別にあるかもしれません。しかし、大事なのはそこではなく、行動観察やインタビューのような**定性的なアプローチにおいても、思考や行動の規則性をつかまえにいく姿勢が重要である**ということです。例えば、本章で着目したのは「行動には報酬があり、人は報酬を最大化するような方策（合理）を体験の中で学習する」という規則性です。心理学では随伴性と呼ぶ考え方ですが、要は、**規則性の理解は第1章で出てきたような数学や統計学だけの話ではないとい**うことです。

数学や統計学は、鳥の目でマクロな規則性を理解するのが得意です。従って、大きな戦略を立てるときには適しています。しかし、広告メッセージの開発や商品体験の改善に役立つようなミクロな規則性の理解には向きません。そういう場合には、心理学や文化人類学の方が適切な手段を提供します。つまり、「**何のための手段なのか」という道具としての適性の問題**です。

第３章では、視点を一段上げて、現在主流になっているマーケティングと、未顧客へのマーケティングの違いを一覧、整理していきます。戦略寄りの話と施策寄りの話、理系寄りの話と文系寄りの話が交互に登場しますが、上述のように「未顧客の場合、何が問題になるからどんなアプローチが有効なのか」という目的と手段を意識しながら読み進めていただくと、学びが一層深まると思います。

第3章

未顧客へのマーケティング戦略

3-1

従来のマーケティングと未顧客へのマーケティングの比較

本章では、従来のマーケティングと未顧客へのマーケティングの違いを軸に、未顧客理解に求められる視点とマーケティングにまつわるさまざまな誤解を説明します。この章を読むことで、未顧客理解の全体像をつかむことができると思います。

顧客理解と未顧客理解の一番の違いは、その出発点です。皆さんにも愛着のあるブランドが１つや２つはあると思います。しかし、それ以外のブランドは、日常生活の中で意識することもなく、広告を見てもスルーするような「ただのモノ」だと思います。このように、**ブランドが「ただのモノ」としか見られていない状態が未顧客理解の出発点**であり、そこからどんな取り組みをすれば利用機会を拡大できるのかという視点を提供するのが未顧客理解の役割です。

また、**従来のマーケティング理論やアプローチの中には、ヘビーユーザーやファンには効果的でも、ライトユーザーやノンユーザーの獲得には向いていないものがたくさんあります**。向いていないどころか、むしろ本来獲得できる未顧客を獲得できない、上がるはずの売上が上がらない、そういった不利益につながってしまうマーケティングもあります。筆者自身、何千万円、何億円というコストをかけたプロジェクトが、そうした誤解のせいで、**壮大な「マーケティングごっこ」**になってしまっているケースをいくつも見てきました。

もちろん誰もそうしたくてそうなっているわけではありません。効果があると思って実施していることでも、取り組む問題の“質“と解決アプローチの“質”を誤解していると、結果が裏目に出てしまうのはどの世界でも起こり得る話です。本章ではその辺りも踏まえて、未顧客へのマーケティングは従来のマーケティングとどう異なるのかという要領をつかんでいただき、「だからどんな向き合い方をすべきなのか」「どんな落とし穴に気を付ける必要があるのか」といった、新規獲得や市場拡大に対する問題意識を皆さんとそろえていきたいと思います。

本章は、ライトユーザーに向けたマーケティングの理論的背景や先行研究に触れながら解説を進めますので、「理論はいいからやり方だけ知りたい」という方は読み飛ばしても構いません。しかし、現在マーケティング実務に就いている方は、当たり前とされてきたマーケティングの常識を一度見直すためにも、順に読むことをお勧めします。

従来のマーケティングと未顧客へのマーケティングの違いを整理すると**図表3-1**のようになります。以下、「データドリブンに関する違い」「顧客の調査や分析に関する違い」「STP戦略に関する違い」「ブランド戦略に関する違い」の順に説明します。その際、従来のマーケティングに関する誤解を［×］、未顧客へのマーケティングに求められる視点を［○］で示します。

図表3-1　従来のマーケティングと未顧客へのマーケティングの違い

	従来のマーケティング	未顧客へのマーケティング
データドリブンに関する違い	[×] データを見れば、顧客を理解したことになる	[○] データの背後にあって顧客の購買行動を支配しているルールを理解して初めて、実務で役立つ学びがデータドリブンで得られたと言える
	[×] 仮説を立てて検証すれば正解が得られる	[○] 問いを磨き込むことが重要
顧客の調査や分析に関する違い	[×] 顔の見えているファンやヘビーユーザーの理解が中心	[○] 平均的な顧客像に当てはまらない少数派や、マーケターが想定していた利用方法とは異なる使い方をしているような未顧客が、新しい市場機会のシグナルになる
	[×] 1人の顧客を深く理解し、その人に売れる商品や刺さる広告を開発する	[○] 1人の深い理解は、新しい機会に気付くために行うもの。より大きな新しい市場を狙えるようにブランドを見直すための手段
	[×] ペルソナで顧客の人となりや内面を理解することが大切	[○] いつもとは違う考え方や行動が起きる条件・状況の理解の方が大切
	[×] 人の理解が大切	[○] 文脈の理解の方が大切
	[×] 顧客の意見を聞くことは大事だとは思うが、顧客も自分の行動の理由を正確には答えられないから、結局自分たちで考えるのがベスト	[○] 顧客には顧客の合理がある。明確な理由がなさそうに見える行動でも、文脈を理解すれば行動原理を解明することができる
STP戦略に関する違い	[×] STPは再現性のあるアプローチであり、そこに疑う余地はない	[○]STP、特にセグメンテーションの有効性については、多くの研究者が疑問視している
	[×] 今ある市場を細分化してターゲットを絞り込む	[○] 今ある市場の枠を外して市場を再定義する
	[×] 人をターゲティングして、人にポジショニングする	[○] 生活文脈や生活シーンをターゲティングして、顧客が行う行動や活動にポジショニングする
	[×] 必ずS→T→Pでの順で考えなければいけない	[○] 日本企業の場合、P→T→Sの方が受け入れやすいこともある
ブランド戦略に関する違い	[×] ロイヤルティを高めれば、シェアが増える	[○] シェアを増やすには、浸透率を高める必要がある
	[×] SNSやファンの口コミは、新規顧客を安く獲得できる魔法の杖だ	[○] 口コミもダブルジョパディに従う。一部の人が言うような魔法の杖はない
	[×] 顧客は生活の中でブランドのことを考え、ブランドとつながっていたいと感じている	[○] ブランドへの愛や絆、つながりといった話はあくまで例え話で、人間に向けるような感情や態度を実際にブランドに抱く人はまれ。シェアや事業成長にはあまり影響しない

3-2

データドリブンに関する違い

誤解を生みやすい言葉の一つに「**データドリブン**」があります。筆者は顧客理解の専門家という立場で新規事業やマーケティングのプロジェクトに参加させていただくことが多いのですが、結構な頻度で「データを見ているから顧客理解もできている」と思い込んでいる方とお会いします。市場調査をしている、デジタルプラットフォームで分析している、コールセンターで顧客の声を集めている、SNSをチェックしているなど、データの種類はさまざまですが、往々にして「データを見ること＝顧客を理解すること」という認識が定着している印象です。確かにデータは顧客理解を支援します。しかし、データを見たから顧客が理解できた、というのは短絡的です。

[×] データを見れば、顧客を理解したことになる

[◯] データの背後にあって顧客の購買行動を支配しているルールを理解して初めて、実務で役立つ学びがデータドリブンで得られたと言える

“Don't think. Feel.”という言葉を聞いたことがあるでしょうか。映画『燃えよドラゴン（1973）』に登場するブルース・リーの有名なせりふです。この言葉の後には、次のような趣旨のせりふが続きます。

—私は、あなたに月に気付いてほしいから月を指しているのに、なぜ指を見ているのか—

これは、「指《し》月《げつ》の例え」と言われる禅の教えです。データと顧客の関係をうまく言い表している話なので、簡単に紹介したいと思います。指月の例えでは、月は仏教の真理、指は経典のメタファーとして使われています。つまり、指（経典）自体に気を取られるのではなく、指（経典）が指し示す月（真理）に目を向けなさい、ということです。マーケティングの文脈だと指がデータ、月が顧客という解釈になるでしょう。

この話が示す通り、データを見たからといって、必ずしも顧客を理解できたことにはなりません。データというのは“結果”です。結果だけ眺めていても、なぜそういう結果になったのかは分かりません。重要なのは、なぜそういう結果になったのかというプロセスやメカニズムを考察し、その結果を再現可能にすることです。そうした考察こそ顧客理解の本質です。データの背後にあって顧客の購買行動を支配しているルールや規則性を理解して初めて、実務で役立つ学びがデータドリブンで得られたと言えます。

また、「**仮説検証**」も日和見的に使われやすい言葉です。マーケティングをしていると、どこかのタイミングで「仮説を立てて検証することが科学的なアプローチだ」と教わります。しかしこれがいつの間にか、「仮説を立てて検証すれば正解が得られる」という安直な意味で理解されていることがあります。つまり思い付きで考えたアイデアでも、それを仮説と呼び何かしらのデータを集めてテストをすれば、そのアイデアを正しいものとして扱ってよいという、ある意味「思考停止の免罪符」のような扱いになっているわけです。

[×] 仮説を立てて検証すれば正解が得られる
[◯] 問いを磨き込むことが重要

これは顧客理解ではとても危険な考え方です。「科学的なアプローチで導き出したのだから正しいに決まっている」「検証したのだから今後は常に正しいものとして扱わなければならない」というように、自分の思考にも他者の思考にもシャットダウンを強いることになるからです。**仮説検証は1回やればOKというようなワンショットのプロセスではありません**。先行研究や観察から問いが生まれ、仮説を持ち、検証する、その検証結果が次の問いを生むという**継続的なプロセス**です（図表3-2）。

そもそもの問いが間違っていたままでは、仮説を作って検証しても、間違った案の中からいくらかましな案が選ばれるだけです。顧客理解で大事なのは、**仮説検証の前段階である問い（リサーチクエスチョン）の**

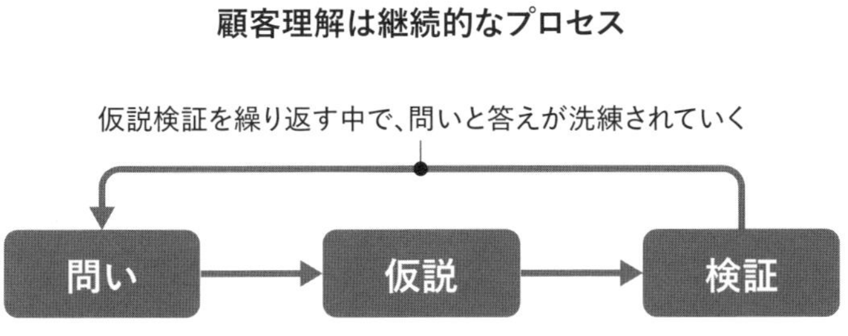

図表3-2　顧客理解は継続的なプロセス

精度を上げることです。最初の問いの答えが次の問いにつながり、それに答えることでより核心的な問いに変化していきます。事実（現象）は1つですが、真実（現象の解釈）は人の数だけあります。仮説を1つ検証したところで、他人である顧客のことが100%「理解」できることはありません。むしろ**問い続け、問いを洗練させていく過程こそ最も「理解」に近い状態**だと思います。

3-3

リサーチや分析に関する違い

顧客理解自体にもまだまだ多くの誤解があります。その筆頭が「ウチのメインターゲットってこんな人だよね」という思い込みです。マーケターは、「ブランドを買ってくれるのはこんな人たちしかいない」「売上を立てるにはこの層に絞って商品を開発しないといけない」といったトーンで話をしがちです。しかし、そうした話に対して「本当にそうなの？」「なぜ限定して作らないといけないの？」と思われたことがあるかもしれません。そもそも商品を作るとき、顧客プロファイルに当てはまる人だけ買ってくれればいいと思って作らないと思います。

[×] 顔の見えているファンやヘビーユーザーの理解が中心

[◯] 平均的な顧客像に当てはまらない少数派や、マーケターが想定していた利用方法とは異なる使い方をしているような未顧客が、新しい市場機会のシグナルになる

マーケターに見えやすいのは、顔の見える平均的な顧客像です。しかしその視点に凝り固まっている限り、新しい市場機会は見えてきません。ポイントは、ブランドが利用される生活場面における「**顧客のゴール**」を考えることです。マーケターにとっては買ってもらうことがゴールですが、顧客にとっては、そこからブランドを使って自分や生活を良くするまでがゴールです。つまり、顧客は生活というより広いくくりの中でブランドを捉えているため、**ブランドの価値も利用シーンや文脈次第で変わる**わけです。ですから、どんなシーンでブランドが利用されるのか、どんな目的のために使われるのかといった、ブランドと顧客の生活が交わる接点の理解が大切です。特に、**平均像に当てはまらない少数派や、想定外の利用方法**に気付くことが重要です。これについては、4-2で詳しく見ていきます。

現在のマーケティングでは、１人の消費者を人間として深く理解することの重要性が説かれています。しかし、ペルソナやカスタマージャーニーといった「手法」が先行して業界に広まったせいで、その本質が勘違いされているケースも多々見受けられます。例えば、１人の顧客を深く理解してその人に売れる商品や広告を開発するという話をすると、「そんな数人のデータで決めるのは危険だ、統計学を分かっていない」「ある程度の市場規模がある話じゃないと稟議《りんぎ》が通らない」といった反対意見が出てくることがあります。恐らく、「その人に売れる商品や広告を開発する」という部分が誤解を招きやすいのだと思います。

［×］１人の顧客を深く理解して、その人に売れる商品や刺さる広告を開発する

［◯］１人の深い理解は、新しい機会に気付くために行うもの。より大きな新しい市場を狙えるようにブランドを見直すための手段

１人の顧客を深く掘り下げる定性的な分析は、その個人にモノを売るために行うわけではありません。**個人の背後にあるより大きな市場や購買行動の規則性に気付くため**に行うものです。多くの人に共通するニーズを見つけようとして、“直接的に”多くの人を見ようとすると、どうしても平均値やスコアといった情報が圧縮された見方になります。

これに対して少数の生活文脈を深く理解していくと、あるところで今まで気付かなかった規則性に気が付くことがあります。特定の状況で繰り返し観察される行動パターンや思考の癖、文脈に依存する報酬など、決してその個人に限ったものではなく、言語化・商品化すればマスで再現できそうな規則性です。そうした新しい切り口を見つけ、より大きな**市場を狙えるように「ブランド側を見直す（再解釈する）」ことが顧客1人を深く理解することの本質**です。ですので、よく言われるように、実在しない想像上の顧客のプロファイルやカスタマージャーニーを作り込んでも意味がないわけです。

[×] ペルソナで顧客の人となりや内面を理解することが大切
[◯] いつもとは違う考え方や行動が起きる条件・状況の理解の方が大切

顧客理解と言うと、とかく性別や年齢、価値観やパーソナリティ、ライフスタイル、趣味嗜好といった顧客の属性や内面を理解することだと思われがちです。最近のマーケティングではそうした情報を基にペルソナを作り、ターゲット層はこういう人たちだからこういうメッセージが刺さりそう、こういうコンセプトが良さそう、などのように考えることが多いと思います。例えば次のようなターゲットプロファイルを見たことはないでしょうか。

商材：清涼飲料水（属性や内面を軸にしたターゲット設定例）

ターゲットは、「健康意識が高く天然水や炭酸水を選ぶことが多い。デザイン感度も高く、自分の生活空間に置いても悪目立ちしないパッケージデザインを選ぶ。デトックスやヨガにはまっている都内在住、アパレル勤務の30代女性」というペルソナです。

未顧客をこのようなペルソナで理解しようとすると失敗します。まず、人となりとブランドへの無関心は関係ありません。関心がないとは、**特定の価値観や考え方をしている「から」関心がないのではなく、「ただ」関心がない**のです。自分の価値観に合う合わない以前に、合うか合わないかの検討対象にさえならないから無関心なのです。ですから未顧客のペルソナを作ったり、未顧客をプロファイリングしようとしたりしても徒労に終わります。

次に、ペルソナを「顧客プロファイル」や「ターゲットイメージ」と同じように使っている方をよく見掛けます。ファンやヘビーユーザーの理解ならそれでも構いませんが、未顧客理解においては、ペルソナ本来の意味を理解する必要があります。ペルソナはもともと、ユング心理学の用語です。

ユング心理学では、人は周りに求められた役割に応じて仮面を着け替え、その役割を演じていると考えます。会社では頼れる上司の仮面、家ではラフな父親の仮面、大学の同期と飲みに行くときはひょうきん者の仮面といったように、我々はTPOに応じて異なる顔を持っています。そうした状況や相手に応じて使い分ける人格（仮面）を、ユング心理学では「**ペルソナ**」と呼びます。逆に、そうした役割を演じるために普段抑え込んでいる感情や人格を「**シャドウ**」と呼びます。シャドウはペルソナと正反対の性質で、ペルソナには対となるシャドウが必ず存在すると考えられています。ジキルとハイドのようなものです。

顧客もこれと同じで、その時の状況、気分、相手などに応じていろいろなペルソナを使い分けながら社会生活を送っているわけです。当然、考え方や好み、ブランドの選択も仮面と一緒に変わります。つまり、ペルソナとは同一人物内に存在する別人格のことであり、市場に存在する別の人間を表すものではありません。顧客像やターゲットプロファイルと同義に扱うと、そこを勘違いしてしまいます。そしてその勘違いが未顧客理解を損ねます。

通常のマーケティングであれば、健康志向のペルソナにはダイエットコーラを、コスパ重視のペルソナには第三のビールを売ればいいかもしれません。しかし**未顧客を理解するとは、どうすれば健康志向の人にレギュラーコーラが売れるか、コスパ重視の人にプレミアムビールが売れるかを理解するということ**です。定常的な価値観やいつもの行動をいくら細かく記述しても、「**いつもとは異なる道筋**」を見つけることはできないわけです。

ブランドの好みや選択が仮面によって変わるのであれば、むしろ重要なのは、どういう時に仮面を着け替えるのか、**どんな状況でペルソナからシャドウに変わるのか**を理解することです。健康志向の人がレギュラーコーラを飲みたくなるのはどういうときか。どういう条件がそろえばコスパ重視の人でもプレミアムビールを買うのか。未顧客を獲得するためには、そうした「**特定条件下における思考や行動の変化と、それがブランド選択に及ぼす影響**」を理解することが必要になります。

[×] 人の理解が大切
[◯] 文脈の理解の方が大切

これらの考察から、未顧客理解の実務上重要な示唆がいくつか得られます。まず、人と購買行動の関係性を文脈抜きで理解しようとしても無意味だと言えます。**その場その時の状況次第で、人間の行動や考え方はいくらでも変わるからです**。未顧客のプロファイルを作り込み、「このターゲットはこういう価値観、こういう考え方をしている。だからこういう商品が売れる、こういうメッセージが刺さる」というロジックで施策を開発しても効果は薄いということです。

次に、**真に理解すべきは人ではなく、「その場その時の状況次第」の方だということ**です。人の属性や内面にだけ基づいてマーケティングを考えるのではなく、特定の状況に置かれた人が演じようとしている役割は何か、その裏で抑圧されている心理は何か、そうした板挟みの状態に置かれたときに人はどんな行動をするのかといった内面と外部環境の相互作用と、そこにある規則性を理解することが、未顧客を獲得する施策の開発に役立ちます。

そうした見地から、**未顧客の場合は「人」ではなく「文脈」をターゲットにすることを提案します**。市場をいくつかのセグメントに分けてターゲットを決めるのではなく、そのカテゴリーの商品を使う人なら全員（もしくは大多数）が生活の中で直面するきっかけ（生活シーンや生活文脈）をターゲットにします。例えば先の清涼飲料水の例であれば、次のようなターゲット設定の仕方になります。

商材：清涼飲料水（文脈をターゲット）
ターゲットは「外出先で喉が渇いた人全員」です

文脈をターゲットに設定する利点は、顧客層を限定しないこと、生活の中にあるさまざまなシーンとブランドを結び付けるという視点で戦略を立てられることです。

未顧客はブランドを知っていても興味がない人たちです。従って、生活上のシーンやタイミング（例えば「外出先で喉が渇く」）とブランドを

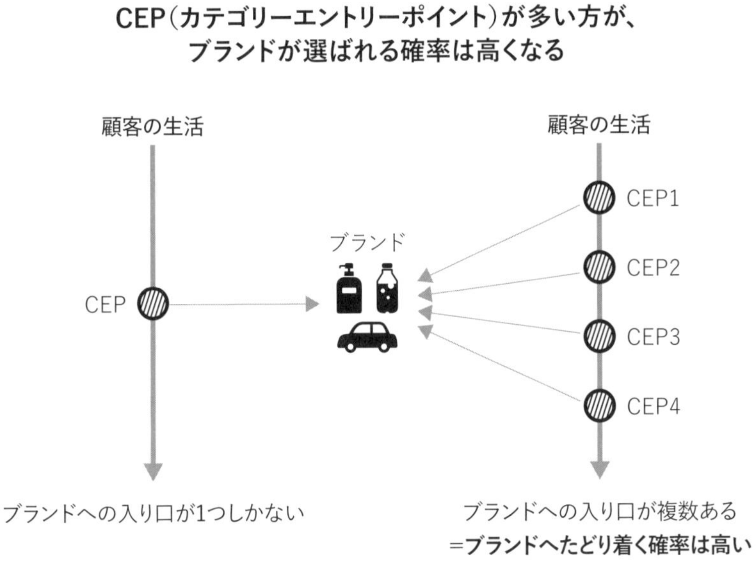

図表3-3　CEP（カテゴリーエントリーポイント）

心理的、物理的に結び付けていくことが有効打になります。商品を利用するきっかけとなるシーンやタイミングのことをCEP（**カテゴリーエントリーポイント**）と呼び、多くの未顧客を獲得するには、より多くのCEPとブランドを結び付けることが必要になります。なぜならシェアの大きなブランドほどたくさんのCEPとブランドが結び付いているからです（Romaniuk & Sharp, 2022）。つまり**「ブランドへの入り口」をたくさん持っているため、未顧客がブランドへたどり着く確率が高い**わけです（図表3-3）。

どうやってCEPを見つけるのか、どうすればブランドとCEPを結び付けることができるかについては、第４章で詳しく解説します。

顧客の行動は、インタビューやアンケートで語った内容と異なることが多々あります。そうした矛盾に対して我々はどう向き合えばよいのでしょうか。我々は通常、行動には何か理由があるのだろう、つまり理由が先で行動が後と考えがちですが、未顧客の場合は逆です。**行動が先で理由は後**です。未顧客は具体的な理由を持ってブランドを選んではいません。基本的に無意識に行動していて、SNSに書き込む、アンケートに答えるなど、言語化する必要に迫られたとき、自分が納得できる理由を考えて答えます。市場調査やコールセンターに集まる顧客の声、SNSのフィードなどの多くはこの「後付けの理由」です。ですから、なぜ買ったのか、どうしたらもっと買いたいと思うかといった「答え」を顧客に教えてもらおうとすると惑わされます。

それを防ぐには、答えを直接聞くのではなく、ブランドが利用されるシーンにある事実から「**顧客の合理**」を考察します。その状況に置かれたときに人間はどういう反応をするのか、その条件下での合理的な判断や行動とは何かを事実ベースで探り、その人にとって何が価値になるのかを考えていくわけです。

[×] **顧客の意見を聞くことは大事だとは思うが、顧客も自分の行動の理由を正確には答えられないから、結局自分たちで考えるのがベスト**

[◯] **顧客には顧客の合理がある。明確な理由がなさそうに見える行動でも、文脈を理解すれば行動原理を解明することができる**

詳しくは4-3で解説しますが、消費者が無意識にブランドを選んでいるといっても完全にランダムなわけではありません。古くはドラッカーが述べているように、**むしろ顧客は合理的**と考えるべきです（Drucker,

1964)。顧客にはマーケターに見えていない生活文脈があり、明確な理由がなさそうに見える行動でも、その文脈を理解すれば行動原理に気付くことができます。そうした「**文脈に依存する合理性や行動パターン**」を見つけることが、未顧客の理解では肝になります。

顧客の合理に合わないアイデアは受け入れてもらえません。顧客の合理を知らないまま、どれだけ社内ミーティングを重ね、アイデアを磨いても、それは「企業の合理」で考え抜いたアイデアです。それが必ずしも顧客の合理と一致するとは限りません。もし顧客にカラスが"白く"見えているなら、どれだけ解像度が高くても、コスパが良くても、カラスが"黒く"見えるテレビは絶対に売れないわけです。

広告も同じです。説得型の広告など特にそうですが、同じ機能でも顧客の合理に即した言い方であれば伝わり、合理に反して聞こえてしまうと受け入れられません。例えば、いくらワンプッシュで汚れを落とせる濃縮タイプの液体洗剤だと伝えても、従来の粉末洗剤に慣れている人は何回もプッシュするものです。液体洗剤に対して「ワンプッシュで汚れが落ちるはずがない」という合理を持っているからです。であれば２回プッシュを適量として、「普通の汚れには１回プッシュ、ハードな汚れには２回プッシュ」などと伝えるべきでしょう。

特に未顧客においては、**マーケターの当たり前をUnlearnする（一度忘れて知り直す）**ことが必要です。マーケターの合理と未顧客の合理は違うものだと認め、どこが違うのかに気付き、言語化、比較し、未顧客にとっての当たり前を学び直すこと、それに沿うように戦略や施策を設計し直すことが未顧客理解です。つまり未顧客理解は、「マーケター自身の再理解」や「ブランドの再解釈」に向かうわけです。

顧客理解から未顧客理解に進むに当たって、Unlearnすべきことがもう一つあります。それはセグメンテーションやロイヤルティを中心とした“王道の”マーケティング戦略です。現在のマーケティングの基礎として挙げられるのは、コトラーが提唱する**STP**（Kotler & Keller, 2006）や、アーカーが提唱するブランドエクイティおよび**ブランドロイヤルティ**（Aaker, 1991）でしょう。マーケティングに力を入れている事業会社だと、これらを組み合わせて、おおよそ次のような戦略になるのではないでしょうか。

「まず消費者をセグメンテーションしてターゲットを絞り込み、ターゲットに合わせた商品やコミュニケーション、流通を展開。ブランドが強固なポジションを獲得できるように商品の差別化を推し進め、CRMやSNSでロイヤルティを高めてファンを増やしていく。マス広告でのブランディングも行うが、成果指標としてはより短期間でのROIと推奨意向を重視し、特にECではスリムかつ立ち上がりの早い販促でアクティベーションを効率化する」

ノンユーザーやライトユーザーに向けたマーケティングはこうしたアプローチとは着眼点がずいぶん異なります。また新規獲得や利用機会の創出においては、従来の理論やこれまで当たり前に採用されてきた慣習的なアプローチが通用しない、むしろ逆効果な場面も多々あります。そうした違いを理解していないと目的と手段の食い違いが起きて、本来予算を使うべきところに予算が回らない、使わなくていいところに使ってしまうという事態が容易に起こります。ここからはまず「STP戦略」について、その後「ブランド戦略」について、いくつかの落とし穴を挙げながら、未顧客理解で取り入れるべき視点を解説していきます。

3-4

STP戦略に関する違い

マーケティングと言えばSTPというほどよく採用されているアプローチですが、実はSTPの「S」、**セグメンテーションについては、その考え方や妥当性が幾度となく疑問視されてきました**。セグメンテーションとは性年代などの人口統計的な特徴や、価値観やライフスタイルなどの心理的な特徴などで市場を分割（顧客をグループ分け）することを意味します。しかし、もしそうしたセグメントが実は机上でしか存在しない、もしくは存在したとしてもその数や規模がコロコロ変わり、セグメンテーションしてもしなくても収益はあまり変わらないとしたらどうでしょうか。

［×］STPは再現性のあるアプローチであり、そこに疑う余地はない
［○］STP、特にセグメンテーションの有効性については、多くの研究者が疑問視している

実際、顧客の特徴や属性でセグメントを作り、それぞれのセグメントの解釈に基づいて4P（打ち手・攻め方）を考えるというロジックに対しては、そのプロセスの妥当性に関していくつもの論文が懸念を表しています。例えば、市場分割に用いる変数選択の恣意性、セグメントの数や規模、時系列で見たときのセグメントの安定性、セグメントの再現可能性、特定セグメントにターゲティングすることがしないことに比べて全

体収益を増加させる根拠、などへの指摘です（Collins, 1971; Wind,1978; Yuspeh & Fein, 1982; McGuinness et al., 1992; Hammond et al., 1996; Hoek et al., 1996; Wright, 1996）。

セグメンテーションの中でも特によく用いられる人口統計的な特徴や心理的特徴に関しては、50以上の商品カテゴリー、約2万人の大規模な消費者調査に基づいた分析を通して、どんな人がどのカテゴリーの商品を利用するかは説明できても、ブランドの好みや選択は説明できないことが報告されています（Fennell et al., 2003）。筆者自身マーケティングサイエンスの部署で働いていたことがあり、幾度となくセグメンテーションをしましたし、市場調査会社や広告代理店が作ったセグメントも見てきましたが、特徴的に他のセグメントと大きく異なるのはヘビーユーザーの比率が高いセグメントだけで、ライトユーザーのセグメントは大きな違いが出ないので、解釈に苦労した経験があります。

これらは実務上とても重要な示唆です。セグメントごとの好みや購買傾向が安定しているからこそ、商品や広告もそれに合わせて開発するわけです。その前提が崩れるというのは一大事です。マーケティングをしているにもかかわらず売上があまり良くないとき、我々は「インサイトを読み間違えたかもしれない」「性能の良さがちゃんと伝わらなかったのでは」と施策を見直します。しかし、ベースとなるセグメントが不安定なのだとすれば、いくら施策を改善しても意味がなくなります。

［×］今ある市場を細分化してターゲットを絞り込む
［◯］今ある市場の枠を外して市場を再定義する

STPの有効性に疑問を投げ掛けた研究の中で、ひときわ大きな関心を集めたのが**競合するブランド間において顧客プロファイルは変わらないという**指摘でした（Hammond et al., 1996; Kennedy & Ehrenberg, 2001）。マーケターはよく「ウチのブランドは他と違う、異なる顧客層にアピールしている」と思いがちですが、これらの研究によると、競合関係にあるブランドはどれもほぼ同じ人たちに買われているということです。もちろん、価格や使用目的が大きく異なるブランドは競合関係にはならないため、顧客層も異なります（子供用シリアルと大人用シリアルなど）。

より一般的な傾向として、ブランドの顧客比率は、そのブランドが属する商品カテゴリーの顧客比率に近くなることが知られています（Sharp, 2010）。例えば、カテゴリー全体の顧客比率が男性50％、女性50％なら、そのカテゴリーのどのブランドも大なり小なりその比率に近くなるということです。ですから、企業側が女性客を増やしたいと思って女性をターゲットにした新ラインアップを投入しても、そのカテゴリーの商材と認識されている限り、その商品だけ女性90％、男性10％のように極端に偏ったりはしないわけです。

このことは、ブランドが獲得できる顧客はそのブランドが属するカテゴリー、すなわち市場でほぼ決まることを意味しています。つまり、どの市場で勝負するかで獲得できる顧客とできない顧客が決まるため、施策レベルのターゲティングで大きく変えられるものではないということです。従って、そうした縛りから脱却して新しい顧客を獲得するためには、「別の市場に属するブランド」と認識してもらう必要があります。ここに未顧客理解におけるセグメンテーションの本来の意味が見えてきます。

セグメンテーションは「細分化」という訳が当てられることから、“分けるイメージ”が先行してしまっている印象です。STPのロジックを素直に解釈すると、「規模を犠牲にして選択と集中をすべき」という受け止め方になります。例えば、母集団が1000万人の市場を、A：500万人、B：300万人、C：200万人のように分けて、「Cは規模こそ小さいけれど競合が支配的ではなく自社の特徴が生かせそう。ここをターゲットにして、この人たちの嗜好や価値観に合うようにブランドをポジショニングしよう」というような考え方です。

しかし、未顧客理解ではそうは考えません。**セグメンテーションの本質は「市場の細分化」ではなく、「市場の再定義」です**。より多くのライトユーザーを獲得するために、もともとの市場規模である1000万人を超えてターゲットできるように**ブランド側を再解釈しよう**と考えるのが未顧客理解の視点です。つまり、「市場には1000万人しかいない」「その中でシェアを拡大しなければいけない」という“縛り”を外して、総人口1億2000万人に立ち戻ること、そこからより多くの人が顧客となるようにブランドを再構築することが、未顧客理解におけるセグメンテーションの本質です。

細分化された規模の小さいセグメントをターゲットとして、そのセグメント内で獲得していこうとしても、すぐに獲得コストが大きくなります。ECなどでは数値になって出てくるため分かりやすいのですが、一般の流通でも目に見えにくいだけで原理は同じです。**同じターゲットに対して施策を打ち続けるとリターンは減ってくるので、市場が狭いことはそれだけで不利**なのです。ですので、特に未顧客の獲得や利用機会の創出においては、初手でできるだけ多くの顧客を視野に入れておくことが求められます。

[×] **人をターゲティングして、人にポジショニングする**
[○] **生活文脈や生活シーンをターゲティングして、顧客が行う行動や活動にポジショニングする**

セグメンテーションの捉え方が変わると、ターゲティングやポジショニングの視点も変わってきます。セグメントが実在しなくても、ブランドを買うきっかけ（**CEP、カテゴリーエントリーポイント**）は生活の中に確実に存在します。特定の顧客層を狙うのではなく、大部分の未顧客が直面するであろうシーンやテーマをターゲットとして捉えるという視点を持ってみましょう。

ペルソナのところでも触れましたが、ブランド選択は人の属性や内面だけで決まるわけではありません。どんな商品特徴が価値になるかは、人が置かれた文脈との相互関係で決まり、また生活文脈ごとに変化します（Allenby, et al., 2002; Fennell and Allenby, 2002; Yang et al., 2002）。従って、CEPの文脈（生活シーン、そこで一緒にいる相手、期待されるペルソナなど）次第で選ばれるブランドも変わります。顧客は1つの考慮集合ですべてのCEPに対応しているわけではなく、CEPの文脈に応じた複数の想起集合（“context-specific evoked sets”）を持っているということです（Romaniuk & Sharp, 2022）。ですから、最初から買うものが決まっているファンなどは別として、**未顧客のブランド選択は「文脈単位」で変わり、その場その時の状況に応じて形成される想起集合の中から適したブランドが確率的に選ばれる**わけです。

であれば、**ターゲティングすべきなのはその文脈**であり、**ポジショニングすべきなのはその文脈における行動**です。購買のきっかけとなるCEPで未顧客がどのような関心事を持っているのか、商品がどんな目的のために購入されるのか、どんな行動の中で商品が利用されるのかを理解し、商品の特徴や広告のメッセージを行動に対して最適化していくわけです。例えば**ジョブ***を考えてみましょう。「仕事の合間に洗濯する」「子供を連れて海水浴に行く」「友人とビールを飲む」のようなジョブをCEPとして捉え、そのジョブの中心にある行動の中でブランドが利用される確率が高まるように、4Pに落とし込んでいくわけです。

* ハーバード・ビジネス・スクールのクリステンセン教授が提唱した概念。ブランドが採用される理由を表し、片付けるべき用事などと訳される

他にも、便益競合から新しいCEPを探すというアプローチもあります。具体的な方法については4-2で事例を交えて解説しますが、まずは「ターゲットは必ず人でなければいけない」という常識をUnlearnして、「文脈をターゲットして行動にポジショニングする」という考え方があることを覚えておいてください（**図表3-4**）。

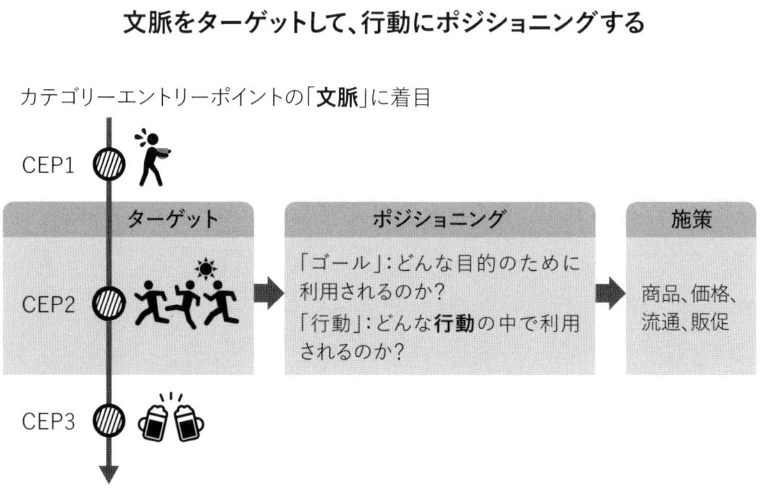

図表3-4　文脈をターゲットして、行動にポジショニングする

もう一つの処方箋は、セグメント間の違いを起点にするのではなく、**「実際に顧客にとって価値になっているブランドのベネフィットは何か」を起点にする**ことです。つまり、既に得られているポジショニングから考え始めるということです。

[×] **必ずS→T→Pでの順で考えなければいけない**
[◯] **日本企業の場合、P→T→Sの方が受け入れやすいこともある**

日本企業では、プロダクトアウトの文化が根強く残っています。どんなプロダクトやサービスを作るかという大枠は開発上既に決まっていて、それを受け入れてくれるターゲットを見つけて施策に落とし込むのがマーケターの仕事、というパターンも多いのではないでしょうか。その際、定石とされるS→T→Pの順序でうまく進められない場面も出てくると思います。そこで、新しい商品やサービスをローンチする場合は、S→T→Pの順ではなく、逆の**P→T→Sの順で考える**ことをお勧めします。

つまり、

【S→T→P】 市場にはどんな人たちがどれくらいいるのか(S)、どの層を狙うのか(T)、その層に受け入れられる商品コンセプトやメッセージは何か(P)

ではなく、

【P→T→S】 ブランドのどんな側面が価値として受け入れられているのか(P)、それはどのようなジョブを持った人か(T)、その市場規模はどれくらいあるか(S)

というように逆順で考えていくということです。

実際にベネフィットとして受け入れられているブランドの特徴や側面は何か（WHAT）をアイデアの起点にして、それはなぜか（WHY）、どういう人にどういうとき、どういうシーンで役に立つのか（WHO、WHEN、WHERE）という文脈の理解を通してアイデアを磨き込み（HOW）、多くのライトユーザーに広めていくわけです。

筆者の所感になりますが、開発部署の発言力が強い内資企業では、P→T→Sの順の方が受け入れられやすい傾向にあります。マーケティング主導ではなく、自分たちが良いと確信して開発したプロダクトがまずありきで、それを受け入れてくれる人は誰か、どういう文脈なら価値として伝わりやすいのかというように、「マーケティングはあくまでプロダクトやサービスを顧客価値に翻訳する道具」という位置付けにした方が、日本企業のメンタルモデルに合いやすいのかもしれません。

ただしP→T→Sがワークするのは、ローンチ後間もない新商品やニッチなポジションを確立している場合です。市場に流通してからしばらくたっていて、既にヘビーユーザーやファン頼りになっているブランドでは効果が薄いことがあるので気を付けてください。

3-5

ブランド戦略に関する違い

本書の主題である未顧客、つまりノンユーザーやライトユーザーの重要性を最初に定式化したのは、消費者行動に関する確率モデルの大家であるアンドリュー・アレンバーグです。アレンバーグは、ブランドの購入頻度が「**負の二項分布（Negative Binomial Distribution；NBD）**」と呼ばれる逆J字型の分布で予測可能であることを突き止めました（Ehrenberg, 1959）。後続の研究により、国や商材カテゴリーを超えて広く再現性のある法則であることも確認されています（Romaniuk & Sharp, 2022）。

負の二項分布は、購買行動や市場特性に関するいくつもの重要な法則の発見につながっていきます。その中でも「**ダブルジョパディの法則**」は、アレンバーグの研究を発展させたバイロン・シャープの著書『HOW BRANDS GROW（邦題：ブランディングの科学）』で世界中のマーケターに広まりました（Sharp, 2010 前平訳, 2018）。

ダブルジョパディの法則：

マーケットシェアが低いブランドは購買客数も非常に少ない。またこれらの購買客は行動的ロイヤルティも態度的ロイヤルティもやや低い（Sharp, 2010 前平訳 2018, p.8）。

ダブルジョパディの法則は、日本を含む世界中のマーケターの間で賛否両論を巻き起こしています。この法則は、言い換えると、「シェアが大きいほど顧客数が多く、ロイヤルティも高くなる」ということになるのですが、問題は**そのベクトルが不可逆である**という点です。つまり、**顧客が多くなればロイヤルティは高まりますが、ロイヤルティを高めても顧客数やシェアが増えるわけではない**ということです。先に述べたように、ブランドロイヤルティはマーケティングの主流中の主流ですから、ロイヤルティを高めてもシェアが増えない、事業が成長しないという主張は受け入れられにくいわけです。そもそもなぜダブルジョパディは不可逆になるのでしょうか。

[×] **ロイヤルティを高めれば、シェアが増える**

[◯] **シェアを増やすには、浸透率を高める必要がある**

まず、一言でロイヤルティといっても心理的な側面と行動的な側面があります。心理的な側面とは、ブランドへの愛着やファンとの絆といった感情的なつながりのことです。行動的な側面というのは購買頻度や価格プレミアム（高くても買いたい）などを指します。マーケターとしては心理的なロイヤルティを高めれば行動的なロイヤルティも高まり、行動的なロイヤルティが高まれば売上を増やせると思いたいところですが、マーケティングサイエンスの研究者たちは、そうはならないと言っています。

どういうことかと言うと、まず売上に直結するのは購買頻度や回数といった行動面のロイヤルティの方です。いくら愛着や絆があっても、それが購買行動に反映されなければ売上になりません。行動面でのロイヤルティと売上の関係は**図表3-5**のように説明されます。まずシェアが増えるときは浸透率が増えます。最低1回は買う顧客の数が増える、ということです。顧客数が増えるとブランドが選択される総回数が増えま

**浸透率増加に伴ってNBD分布が右にシフトするため、
分布の平均購入回数（ロイヤルティ）も若干増える**

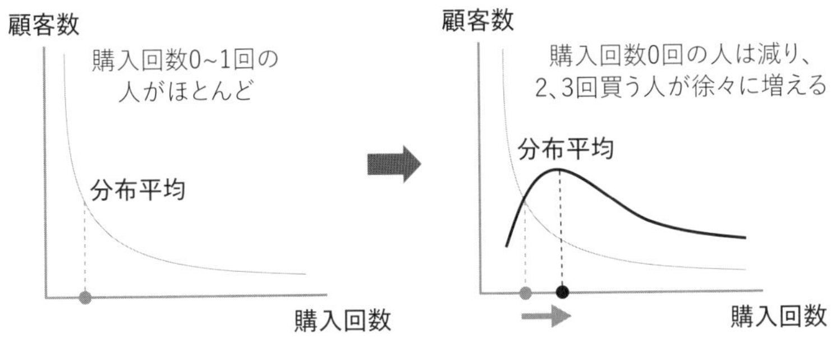

図表3-5　行動面でのロイヤルティと売上の関係

す。例えばそれまで０回（非購買）だった人が１回買う、１回買っていた人の中には２回買う人も出てくるというように、全体で見たときにブランドが選択される回数が増え、負の二項分布が右にシフトします。そのシフト後の分布で購入回数、つまりロイヤルティの平均をとると、元の分布より若干高い数値になるわけです。

「ロイヤルティプログラムやファンマーケティングでヘビーユーザーの行動ロイヤルティを高めれば同じようになるじゃないか」と思われるかもしれませんが、現実的ではありません。いくつか理由があります。まず、既に購買頻度の高いヘビーユーザーにさらに追加で買ってもらうことは難しいです。例えばあるシャンプーの熱狂的なファンだからという理由で、１日に５回も６回もお風呂に入る人はそういないでしょう。

仮に多少購買頻度が増えたとしても、ヘビーユーザーの絶対数は少ないため、分布全体で見たときの平均購入回数はそこまで大きく変化しません。普段自社の顧客と考えている人たちの多くは、むしろ、**時々自社ブランドも買ってくれる競合ブランドのヘビーユーザー**です(Ehrenberg, 2000)。当然競合もヘビーユーザーに対して施策を打ってくるので、**自社ブランドだけたくさん買って他のブランドは買わないという夢のような顧客を育てるのは現実的ではない**わけです。

詳しくは3-6で説明しますが、ダブルジョパディをひもといていくと、数学的には**ロイヤルティ(購買頻度)は浸透率の関数である**ことが分かります。ロイヤルティは直接的に高めることはできず、浸透率の増加に伴って間接的に高まるという性質がありますので、マーケティング活動により直接的に**伸ばすべきは浸透率**だということになります。

一方で、離反防止(リテンション)という視点もあります。心理的にも行動的にもロイヤルティは安定したものではなく、放っておけば顧客は離反していくだけですから、それを遅らせるという意味では一定の効果は期待できます。特に、サブスクリプションなどの買い切り型ではないビジネスモデルでは、売上に顕著に反映されます。しかし、離反はマーケティングでどうこうできない面もあります。ヘビーユーザーの何割かは必ずライトユーザーに落ちますし、ヘビーユーザーとライトユーザーは定期的に入れ替わります。これは**平均への回帰**と呼ばれる現象で、マーケティングだけでなくあらゆるデータで起きます。施策の良しあしに関係なく発生し、施策を打ったからといって止められるものではありません。また、わずかな離反を防止するだけで利益が大幅に高まるといった話がまことしやかに言われていますが、第1章で説明した通り、これはすべての企業に一般化できるような法則ではありません。

結局、いかに離反を防ぐかではなく、離反は起こるものとした上で、次のヘビーユーザーになってくれる未顧客を獲得し続ける取り組みが求められるわけです。例えば老舗ブランドの多くは、一度離反した顧客を未顧客と見なしてもう一度新規に獲得をする、ということを繰り返して成長してきました。もちろん直近の離反者にすぐ戻ってもらうことはできませんが、ヘビーユーザーには利用時の記憶が残っています。

そうした過去の利用体験に基づく記憶はブランドの資産です。現在の文脈でブランドを再解釈することで、このような「昔は使っていたけど、最近は使っていないな」という未顧客の記憶にアクセスすることができます。ブランドの記憶をアップデートして再活性化することで、もう一度使い始めてもらうきっかけ（CEP）を用意するわけです。主に昔からある知名度の高いブランドのリポジショニングでよく使われる手法です。

[×] SNSやファンの口コミは、新規顧客を安く獲得できる魔法の杖《つえ》だ

[◯] 口コミもダブルジョパディに従う。一部の人が言うような魔法の杖はない

SNSを通してユーザーの声がマーケターに届きやすくなりました。筆者の周りのマーケターに話を聞くと、SNSの「いいね」やフォロワー数を成果指標として求める経営者もいるそうです。しかし目に留まりやすくなったからと言って、直ちに重要度が高まるわけではありません。また、SNSやファンマーケティングを「安く宣伝できて売上が増える手法」のように捉えている方にも時々お会いします。SNSや口コミには従来の広告にはない魔法のような何かが備わっているのでしょうか。そもそも「ファンが新規顧客を呼び込んで売上が増える」といった話は、ビジネスとしてどれくらい期待できるのでしょうか。

まず、口コミもダブルジョパディ的な振る舞いを見せます。つまりシェアの小さなブランドは口コミの数も少なく、シェアの大きなブランドになるほど口コミの数は増え、かつ内容も肯定的になる傾向があります（Romaniuk & Sharp, 2022）。SNSを通じた口コミで単純接触効果を大きくしようとしても、当然そこには競合の口コミも存在するため、リーチをどれだけ獲得できるかは普通の広告と変わらず、もともとのシェアが影響することを忘れてはいけません。爆発的なバズを意図的に何回も起こせる方法があるなら話は別かもしれませんが、少なくとも筆者は知りません。

また、SNSでのバズがそのまま売上拡大につながるかというと、そうでもないようです。ブランドへの「いいね」やフォローの効果について、ハーバード大学の研究者たちが実施した大規模なSNSの実験では、好意を高めたり、リアルでの推奨のように友人の購入を促したりする効果は確認されませんでした（John et al., 2017）。**友人がSNSで推奨しているからといって、自分と無関係のブランドにいきなり興味を持ったり買ったりはしない**ということです。ましてやそれが他人であればなおさらです。「消費者はファンやインフルエンサーからの情報を求めていている」という識者もいますが、それは既に興味や関心を持っている人の話です。いくら肯定的な内容だったとしても、未顧客から見れば「**知らない人が興味のない話をしているだけ」、つまりただの他人の会話**です。もちろん広告にも同じことが言えるわけですが、同じ法則に縛られている以上、口コミが無料で広告代わりになると考え、小規模ブランドでもお金をかけずにジャイアントキリングできるかもしれないと安易に思い込むのは危険です。

[×] **顧客は生活の中でブランドのことを考え、ブランドとつながっていたいと感じている**

[○] **ブランドへの愛や絆、つながりといった話はあくまで例え話で、人間に向けるような感情や態度を実際にブランドに抱く人はまれ。シェアや事業成長にはあまり影響しない**

マーケティング用語の中には、**ブランドパーソナリティやカスタマーリレーションシップ**のように、ブランドを擬人化し、あたかも人格や感情を持っているかのように扱う言葉が多くあります。ブランドと顧客の関係をあたかもリアルな人間関係かのように捉え、SNSやファンコミュニティなどを通して、愛着や絆、情熱を育む施策も頻繁に実施されています。

しかし、そのように**極端に肯定的な感情を、実際にブランドに対して持つ人はまれであり、市場シェアにはあまり影響しません**（Romaniuk & Sharp, 2022）。先述のハーバード大学の実験でも、自分がもともと好きなブランドに「いいね」やフォローをすることで、ブランドへの好意がさらに高まったり、購入が増えたりする効果は認められませんでした（John et al., 2017）。

その一方で、「ブランドのフォロワーやコミュニティに参加してくれる人は購入率も高い」といった事例もよく聞きます。なぜこうした食い違いが出てくるのでしょうか。これには**実験データと観察データの違い**が関係しています。SNSでは閲覧履歴や検索ワードなどの情報を基に、表示される内容がパーソナライズされます。また、自分が興味のない情報は簡単にミュートやブロックができます。その結果、既に自分が興味のあるブランドについての情報が集まりやすい環境になります。そうした環境で、そのブランドの購買率が高いのは当たり前です。

ブランドのフォロワーやファンコミュニティなどで購買率が高くなるのも同じ理屈です。もともとブランドに興味関心があるからフォローもするし、購買率も高いというだけの話であって、それをもって興味関心が薄い別の集団、つまり未顧客の興味喚起ができるとは言えないわけです。詳しくは4-5で解説しますが、これは**ロッサー・リーブスの誤謬《ごびゅう》**といって、広告効果測定の分野では何十年も前から「やってはいけないことリスト」のトップに来る間違いです。

広告効果測定の第一人者であるレス・ビネットは、こうした風潮に警鐘を鳴らしている一人です。彼は、ブランドへの愛や情熱などはあくまで例え話であり、こうした話を真に受けて、市場浸透よりも少数顧客との関係構築に予算を割いていると収益性が犠牲になる、との考えを示しています（Binet & Carter, 2018）。ブランドは、少数との深いつながりではなく、多数との薄いつながりを通して成長します。ファンマーケティングなどでは深いつながりも必要かとは思いますが、未顧客はブランドに興味も関心もない人たちです。生活の中でブランドのことを考えることはありませんし、ブランドとつながっていたいとも考えません。

未顧客にとってブランドはモノであり、人ではありません。であればマーケティングも未顧客を友人や家族のように扱うべきではありません。レス・ビネットの言葉を拝借するなら、「People love their cats. Not your cat food brand（人は自分の飼っている猫を愛しているのであって、キャットフードを愛しているわけではない：筆者訳）」ということです（Binet & Carter, 2018, p.84）。

3-6

ダブルジョパディの法則

ダブルジョパディの法則について少し詳しく見ておきましょう。マーケットシェアが低いブランドは購買客数も少なく、ロイヤルティも低くなるというダブルジョパディの性質は、簡便的に次の数式で表されます（Ehrenberg et al., 1990）。

$$\boldsymbol{w_i(1-b_i) \simeq w_o}$$

b_i：ブランドiの浸透率

w_i：ブランドiの購買頻度（ロイヤルティ）

w_o：定数

この式をw_iについて解くと$w_i=w_o/(1-b_i)$となります。このとき、どのブランドについてもw_oはほぼ定数になると考えられ（理由については巻末付録「未顧客理解の数学的側面」をご覧ください）、カテゴリー内のすべてのブランドの平均として推定されます。w_oが定数であれば、右辺の変数は浸透率b_iだけですから、購買頻度は実質的に浸透率の関数になるわけです。また、右辺は$w_o \times 1/(1-b_i)$ですから、b_i（浸透率）が低いブランドほど$1/(1-b_i)$が小さくなりw_i（購買頻度）も低くなる、b_iが高いブランドほど$1/(1-b_i)$が大きくなりw_iも高くなる、すなわちダブルジョパディを表しているわけです（Ehrenberg et al., 2004）。

シンプルなモデルですが、現在でも頑健な予測ができることが報告されており、さまざまな実務上の示唆も得ることができます（Graham et al., 2017）。例えば、購買頻度の予測値w_o/（$1-b_i$）の上下幅を見ることで、ロイヤルティ施策の効果が逓減してきているのか、まだ高める余地があるのか判断することができます。

図表3-6はEhrenberg et al.（1990）に掲載されているインスタントコーヒー市場で観測されたダブルジョパディを、筆者がエクセルで再現したものです。購買頻度のモデル予測値は平均2.8回、上下幅は2.5～3.1回となっていますから、購買頻度の実測値が3回を上回っているブランド1と2は、これ以上ロイヤルティ施策を実施する必要はありません。また残りのブラ

ダブルジョパディの法則：$w(1-b) \simeq w_o$

ブランド	シェア	浸透率 b	購買頻度(実測) w	$w(1\text{-}b)$	購買頻度(予測) $w_o/(1\text{-}b)$
ブランド1	19%	24%	3.6	2.7	3.1
ブランド2	15%	21%	3.3	2.6	2.9
ブランド3	14%	22%	2.8	2.2	3.0
ブランド4	13%	22%	2.6	2.0	3.0
ブランド5	11%	18%	2.7	2.2	2.8
ブランド6	8%	13%	2.9	2.5	2.7
ブランド7	4%	9%	2.0	1.8	2.5
ブランド8	3%	6%	2.6	2.4	2.5
平均			2.8	2.3(w_o)	2.8

Ehrenberg et al.(1990)を基に筆者作成

実測と予測の比較から、ロイヤルティ施策の効果逓減を見極める

図表3-6　ダブルジョパディの法則

ンドも実測値が2.8回に近いので、ロイヤルティ施策を実施してもあまり効果はないでしょう。唯一効果がありそうなのはブランド7だけです。

また、現在の自社の購買頻度を与件として、浸透率をあとどれくらい高めればどの程度のシェアが獲得できそうか、ざっくりとですが見通すこともできます。目標とする浸透率が分かれば、CPA*からどんな施策を行えばよいか計画が立てられると思います。

* Cost per Acquisition。顧客獲得単価

次に、**図表3-7**のブランド6を見てください（こちらは架空のデータです）。シェアも浸透率も5%しかないのに、購買頻度だけ他のブラン

良いニッチか、良くないニッチか？

ブランド	シェア	浸透率 b	購買頻度(実測) w	$w(1-b)$	購買頻度(予測) $w_o/(1-b)$
ブランド1	32%	41%	3.4	2.0	4.2
ブランド2	21%	36%	3.2	2.0	3.9
ブランド3	16%	22%	2.7	2.1	3.2
ブランド4	11%	19%	2.5	2.0	3.1
ブランド5	9%	12%	2.3	2.0	2.8
ブランド6	5%	5%	5.9	5.6	2.6
ブランド7	4%	3%	2.1	2.0	2.6
ブランド8	2%	2%	2.2	2.2	2.6
平均			3.0	2.5(w_o)	3.1

（架空のデータ）

シェアも浸透率も5%しかないのに、購買頻度だけ他ブランドの倍近くある

図表3-7　良いニッチか良くないニッチか？

ドの倍近くあります。この外れ値によって予測値がインフレしているのが分かると思います。ブランド6を除いて計算すると、実測と予測はほぼ一致します。

Khan et al.(1988)は、$w_i(1-b_i)$の値が平均から±10%以上の偏差を持つブランドに関しては、なぜその偏差が起こっているのかを調べるべきであるとの考えを示しています。皆さんはこのデータをどう解釈しますか。まず疑うべきは値引きや山積みがされていないか、もしくは季節性のある販促が行われたのではないかということです。もしそうした要因がないのであれば、どういう解釈になるでしょうか。$w_i(1-b_i)$の数値の大小を見比べることで、自社ブランドにどんな購買特性があるのかを診断することができます。Khan et al.(1988)を参考にすると、おおまかに次のような基準で考えることができそうです。

- $w_i(1-b_i)$が平均よりかなり小さい(b_iが高いわりにw_iが低い)→Change-of-Pace(気分転換に用いられる)ブランド
- $w_i(1-b_i)$が平均よりかなり大きい(b_iが低いわりにw_iが高い)→ニッチブランド

この基準に従うと、「ブランド6はダブルジョパディに支配されることなく、ニッチなポジションを確立している! ファンが熱狂している証だ!」と思えるかもしれませんが、実は、ニッチには良いニッチと、良くないニッチがあります。

良いニッチ=「ファンがいて、市場拡大の伸びしろもある」

「認知率や配荷率は低いのに、購買頻度は理論値を上回っている」場合は、ポテンシャルがあるニッチにいます。みんなよく知らない、もしくは知っていても身近に売っていない、けれども使った人はリピートするくらい訴求力の高いブランドだということです。広告や流通を強化してライトユーザーを獲得し、浸透率を高めることで、シェアや売上を増やす伸び代があるわけです。これは「良いニッチ」です。この場合は先述した「P→T→S」に倣い、ブランドを受け入れてくれている顧客をリサーチし、ブランドの何が価値になっているのかを調べ、商品や広告に落とし込んでいくと良い結果に結び付くでしょう。

良くないニッチ＝「自分たちでブランドを市場の隅に追いやっていることに気付かず、“ウチはニッチだ”と勘違いしている」

逆に良くないのは、「認知率や配荷率は競合と同じくらいあるのに、浸透率は低く購買頻度が高い」というパターンです。これは、「ブランドを知っていて身近にもあるけれど興味がない」という未顧客が多い中で、一部のヘビーユーザーだけがリピートしている状況です。こちらを「ニッチなポジション」と思われている方が多い印象ですが、市場拡大や事業成長という観点からは幸先がよろしくありません。

なぜかを説明します。負の二項分布が示す通り、シェアや売上を大きくするには浸透率を高める必要があります。しかし「知っていて身近にもあるけれど興味がない」というのは、ヘビーユーザー以外には、「自分には関係ないブランドだ」と思われているということです。知らないから興味がないのではなく、知っている上で興味がないのです。「**非購買層がなぜ非購買のままなのか**」という視点で考えてみてください。**マーケターが価値だと思って商品や広告に反映してきたことが、非購買層にとっては価値ではないから非購買のままなのです。**

新規獲得にコストを投下せず、同じ既存顧客層に対してロイヤルティプログラムやエンゲージメント、リテンション系の施策ばかりやってきたブランドは、この状態になっていることがあるので要注意です。「今のやり方では一部の層にしか響かない」という事実を「熱狂的なファンが付いている」と都合良く解釈し、一部の人にしか価値にならないコンセプトやメッセージをこすり続けてきたせいで、ブランドと市場の大多数との間に溝ができているわけです。

「ロイヤルティを高めてファンの購買回数を増やしていけばよい」と思われるかもしれませんが、ニッチブランドだからといって、ロイヤルティだけで成長できるわけではありません。**ロイヤルティにはカテゴリーごとに上限がある**ため、いずれ浸透率を増やす必要が出てきます（巻末付録「未顧客理解の数学的側面」参照）。しかし、上述の通り、市場の大部分を占めるライトユーザーに「このブランドは自分向きではない」と思われ、**一部の層にしか受け入れられないポジションを“確立してしまった”**状態では、新たに浸透率を高めることは容易ではありません。以前のUSJ（ユニバーサル・スタジオ・ジャパン）がこの状態だったと思われます。つまり、映画好きには好まれるがファミリー層には敬遠されている。にもかかわらず、それを独自のポジションを築けている、つまり良いことだと思い込んでしまっている状態です（森岡, 2016）。

よほど優秀なマーケターがいない限り、普通はこのような状態になるとリポジショニングが厳しい（既存顧客を失うリスクが大きい経営判断はされにくい）ので、エクステンションするか別の主力商品を作るかになります。また、「P→T→S」もワークしません。いずれにしても、ブランドが良いニッチにいるのか、図らずも悪いニッチに陥っているのかを診断して、早めに手を打つことが肝要です。

3-7

本当に不合理なのは誰か？

我々は、「**結果が異常でなければ、方法は正しかったのだろう**」と思い込んでしまう傾向があります。次のマーケターの心情を考えてみてください。

「CRMやファンマーケティングをしばらく続けているけど、あまり売上が増えないな。でも売上が減っているわけではなく、きっとこういうのは長期的にコツコツやらないと効果が出ないのだろう。何より、お客さんを大事にして悪いことがあるわけがない！」

よほどのことがない限り、ロイヤルティプログラムやファン向けの施策を実施して売上が激減するということはないでしょう。結果が極端におかしくなければ、人間の脳はいかようにでも解釈を後付けします。結果が期待通りではなくても、直感的におかしくない範囲内であればプロセスを疑問視することはありません。こうした思考を「**正常の谷**」と呼びます（Kahneman et al., 2021）。

広告効果などが特にそうですが、人間は結果だけを見ているようで、実は「**プロセスと結果を込みにした物語**」**に納得感があるかどうか**で判断しています。従って、物語全体がおかしくなければ、プロセスだけが否定されることはまずありません。例えば、てるてる坊主を作った次の日に雨が降ったからといって、てるてる坊主を作るのをやめようと言いだす人はいないと思います。主流のマーケティングもこれと同じで、効果があるから続くのではなく、結果（例えば、売上）がおかしくないから変化を求められないだけなのではないか、と考えることもできます。

しかし、ここまで見てきたように、積極的に新規獲得や機会拡大をして事業を成長させることをゴールにするなら、従来とは異なるアプローチが必要です。次章では、本章で提起した問題を踏まえて、未顧客へのマーケティングを設計するための「未顧客理解の5原則」を解説します。

COLUMN

「ロイヤルティ」を過大に信じてしまうマーケター

株式会社ニューバランス ジャパン　鈴木健 氏

バイロン・シャープ氏が「ロイヤルティ神話にとどめを刺す」と宣言するように、いまだ多くのマーケターが「ロイヤルティ」に強い魅力を感じ、追い求め続けている現状があります。このような「ロイヤルティ神話」をなぜこの時代のマーケターが追い求めてしまうのか、その背景の一つに「デジタル上の情報を得やすくなり、顧客の姿をデジタルで捉えることが可能になった」ことが挙げられます。

デジタルマーケティングによる1to1マーケティングやパーソナライゼーションなど、これまでのマスマーケティングにはできなかった個々の顧客に合わせたコミュニケーションができるようになったことで、デジタルマーケティングへの信頼が高まり、デジタルチャネルを通せば個々の顧客の行動ロイヤルティもコントロールできるという幻想が生まれやすくなった背景と考えられます。実際バイロン・シャープ氏も、オンライン空間ではフィジカルアベイラビリティに差が付きにくいことから、通常よりもロイヤルティが高くなることを指摘しています。オンライン上の購買では、たしかにその意味でロイヤルティ顧客がより目立つことと、その価値が高く見えることは否めません。

しかしながらそれは競合ブランドも同じ条件であり、フィジカルアベイラビリティに差が付きにくいということは、オンライン上とオフラインにおいての双方のメンタルアベイラビリティが影響すると考えられます。オンラインで成功したブランドが結局、成長するためにはオフラインでの接点を確保しようとするのは、米国のD2Cブランドがこぞって実際のオフライン店舗に進出しているのを見ればうなずけることです。

デジタルテクノロジーによっていくら顧客の姿が可視化できるようになっても、顧客の購買行動自体は変わることがありません。今の時代のロイヤルティの神話は、テクノロジーに対する神話と似たところがあります。顧客のロイヤルティがいくら見えるようになっても、それを変えることができるのは顧客にアプローチするテクノロジーではなく、顧客のニーズに対応した購買機会を思い出させ、そして買い易くすること以外はないのです。

第4章

新しい利用機会を生み出す「未顧客理解の5原則」

前章では、未顧客理解に求められる視点とマーケティングにまつわるさまざまな誤解を、現在主流となっているSTPやブランドロイヤルティとの比較を通して解説しました。要約すると、**ブランドが成長するには、浸透率を高めてブランドの利用機会を増やし、ライトユーザーを獲得する必要がある**ということです。こうしたエビデンスは何十年も前から報告されています。にもかかわらず、実務ではあまり生かされていないように感じます。なぜでしょうか。マーケターの指摘は次の２つにまとめることができます。

［**指摘１**］「理論的にはそうかもしれないが日本では当てはまらない。日本は人口減少が続き市場が縮小しているから浸透率を高めるのは難しく、既存顧客を育成していくしかない」

［**指摘２**］「現行の問題点を指摘するなら、その問題を解決するにはどうすればいいのかを教えてほしい。具体的にどうやって新規獲得し、利用機会を増やすのか、手を動かせるレベルで示されていない」

まず［指摘１］についてですが、市場が縮小すると浸透率が高められないというのはそもそもどこから来ている話なのでしょうか。恐らく、「人が少なくなると新規獲得が難しそう」というイメージの話なのではないかと思われます。寡占市場で浸透率が国民全体に及ぶようなブランドならこれ以上浸透率が伸びないというのも分かりますが、通常の事業会社の場合、「カテゴリー内のどのブランドも使っていないような完全新規が少ないだけ」で、競合から奪える顧客は残っているはずです。それは単に競争が激しい成熟市場であるというだけで、別に日本が特別なわけではありません。他の先進国でも同様です。というより、人口が増加していても競合との顧客の奪い合いは避けられません。

「浸透率を伸ばすほうが簡単だから浸透率を伸ばしましょう」と言っているのではなく、「ロイヤルティを高めて事業成長するというモデルには限界があるから、浸透率を伸ばしましょう」と言っているのです。仮にリソースを100％既存顧客の維持や育成に集中させたとしても離反をゼロにはできませんから、残った既存顧客のロイヤルティ（購入回数）を増やして、離反客の売上減少分を賄い続ける必要があります。それでも収支はとんとんです。しかし前章で述べた通り、いくらファンとはいえ青天井で購入回数を増やせるわけではありません。また、顧客離反もダブルジョパディに従います（Sharp, 2010）。シェアの小さいブランドほど、離反客の売上減少によるインパクトは大きくなりますから、破綻するのも早くなります。

一方で、［指摘２］はその通りです。そこで本書では、「**新規も既存も両取りできればよいのでは？」という切り口の提案**をしたいと思います。売上を次のように分解してみます。

売上＝利用機会の数×各利用機会での購入回数×単価

未顧客の生活文脈の中にブランドが購入されるきっかけ（利用機会）をなるべく多く作り、さまざまな生活シーンやタイミングで買ってもらう、いわゆる「**CEP（カテゴリーエントリーポイント）**」と呼ばれる考え方です（Romaniuk & Sharp, 2022）。既存顧客でも別の目的のために買ってもらうのであれば「**購入回数**」を増やせます。また、今までとは別のきっかけで新規顧客が買ってくれれば「**顧客数**」が増えます。つまり、ロイヤルティと浸透率が対立しません。

Romaniuk & Sharp（2022）は、ソーシャルメディアやコーヒーの市場を例として、**大きなブランドと小さなブランドの違いはCEPのサイズ（数）**であると述べています。つまりシェアの大きなブランドは多くのCEPとブランドが結び付いているし、小さなブランドは結び付いているCEPが少ないということです。これがそのまま浸透率の違いとなって返ってきます。多くのCEPを持っているということは、それだけ未顧客に対してブランドへの入り口を多く用意しているということです。つまり、CEPが多いほど未顧客がカテゴリーを利用する機会が増えるわけです。そして、それぞれのCEPとブランドの結び付き（連想）が強いほど、自社ブランドが選ばれる確率が高くなります。

であれば**小さなブランドがすべきことは1つで、CEPをたくさん作ること、つまり、「より多くの生活文脈とブランドを結び付けること」にフォーカスすべき**です（図表4-1）。

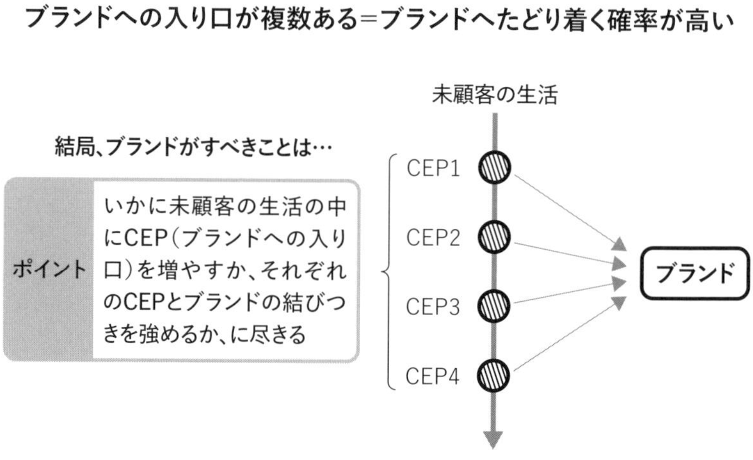

図表4-1　ブランドと結び付いたCEPを増やす

実は、数学的にも同じ結論になります。少し数式が出てきますが、「数学的な根拠を基に、どう実務（具体施策）に必要なインサイトを得ていくのか」という理系思考と文系思考の“つなぎ部分”の好例なので、しばらくお付き合いください。

第３章で紹介したダブルジョパディや、上述のCEPという考え方が導かれた源流には、「**NBDディリクレ**」という統計モデルがあります。非常に多くの国、商材で適用されてきた歴史のあるモデルです。このモデルの開発者であるGerald Goodhardtらは、NBDディリクレは「購買頻度」と「ブランド選択」という購買行動の異なる側面を1つの式として結び付けることで、さまざまな予測を可能とすると述べています（Goodhardt et al., 1984）。NBDディリクレは次の（1）式と（2）式を掛け算した形になっています*。記号などはいったん無視して構いません（詳しく知りたい方は巻末付録を参照してください）。

＊ ノーテーションは森岡・今西（2016）に倣っています

$$\int Poisson\,(R\,|\,\mu T)\ Gamma\left(\mu\,|\,K, \frac{M}{K}\right) d\mu \quad \text{—（1）}$$

$$\int Multinomial\,(r\,|\,p,R)\ \ Dirichlet\,(p\,|\,\alpha)\ dp \quad \text{—（2）}$$

この式は、ざっくり言うと、ブランドがどれだけ売れるかは

1）そのブランドが属する商品カテゴリーがどれだけ利用されるか、
2）そのときに自社ブランドがどれだけ選ばれるか（購買の選択肢に入るか）

という2段階で決まることを表しています。つまり、ある生活文脈（生

活シーンやタイミング）で何かしらのニーズが生じたとき、顧客/未顧客含めたすべての消費者は、次の2回、サイコロを振っているわけです。

1回目：どのカテゴリーの商品を利用するか？
2回目：どのブランドを選ぶか？

言い換えると、自社ブランドが購買されるためには、特定の生活文脈において、次の2つの条件をクリアする必要があるということです。

1回目：自社ブランドが属するカテゴリーが選ばれ、かつ、
2回目：自社ブランドが選ばれる

ですから、多くの未顧客に購買してもらうには、「**ブランドが属するカテゴリーが利用される回数＝CEPの数**」と「そのとき**自社ブランドが選ばれる確率＝CEPとブランドの結び付きの強さ**」を増やしていくしかない、すなわち先の議論と同じ帰結になります。これにはSTPのように頭数を犠牲にして特定のターゲットへの深い訴求を行うアプローチではなく、さまざまな生活文脈とブランドを結び付けて、ブランドが全人口的に利用される機会の数を増やすアプローチが有効と考えられます。

以上のことから、**未顧客の獲得とは「未顧客の生活文脈とカテゴリー」および「未顧客の生活文脈とブランド」を結び付けるゲーム**と言えるでしょう。

図表4-2に、ここまでの流れと本章で学ぶことの関係を整理しました。まず、なぜ未顧客理解が必要なのか（**WHY？**）というと「未顧客を取り込まない限りブランドは成長できないから」です。では、未顧客を獲得

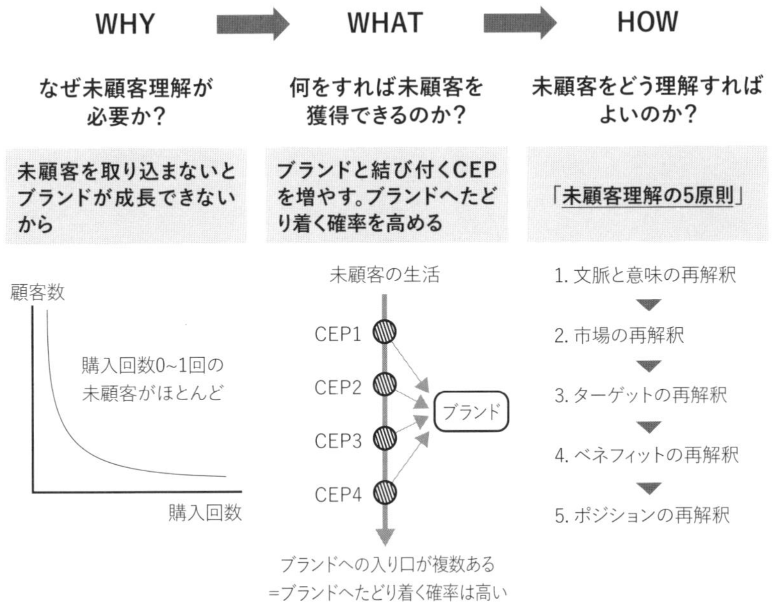

図表4-2　未顧客理解のWHY、WHAT、HOW

するために何をすべきかというと（WHAT？）、「ブランドと結び付くCEPを増やし、ブランドへたどり着く確率を高めるべき」です。そして、そのためにどう未顧客理解を進めていけばよいか（HOW？）を、本章で解説していきます。

未顧客理解のステップを５つの原則として言語化

ここからは、理系思考から文系思考にバトンタッチします。「購買のきっかけ（CEP）となる生活文脈の理解」—こうしたテーマに対しては、心理学や文化人類学が役立つ知見を提供してくれます。本章では、そう

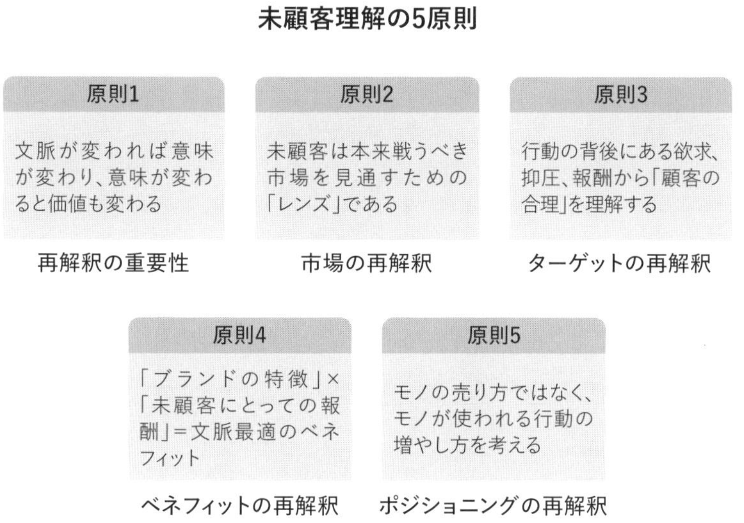

図表4-3　未顧客理解の５原則

した分野の知見を生かしてCEPの候補を見つけ、そこでの生活文脈を理解し、CEPとブランドを結び付ける施策を作り出すフレームワーク「**未顧客理解の5原則**」を解説していきます（図表4-3）。

原則1：文脈が変われば意味が変わり、意味が変わると価値も変わる
原則2：未顧客は本来戦うべき市場を見通すための「レンズ」である
原則3：行動の背後にある欲求、抑圧、報酬から「顧客の合理」を理解する
原則4：「ブランドの特徴」×「顧客への報酬」＝文脈最適のベネフィット
原則5：モノの売り方ではなく、モノが使われる行動の増やし方を考える

「未顧客理解の５原則」に沿ってCEPの生活文脈の考察を進めると、

未顧客に興味を持ってもらうためには、「広告で何をどう伝えればよいのか」「製品でどんな体験を実現すればよいのか」という施策への落とし込み部分まで理解を深めることができます。つまり、**ブランドを顧客価値に翻訳するための５ステップ**になるわけです。第２章のチーズケーキの再解釈も、実はこの5原則にのっとっています。今はあまりピンと来ないかもしれませんが、安心してください。本章では各原則をイラストや図表を使って詳しく解説していきます。読み終える頃には、「未顧客理解の５原則」に納得感を得られているはずです。また本章の最後では、考えた施策の妥当性を定量的に検証するポイントも解説します。

4-1

未顧客を理解するための「視点と姿勢」

原則1：文脈が変われば意味が変わり、意味が変わると価値も変わる

人は文脈込みでモノの意味を評価する

まず知っておいていただきたいのは、**モノやサービスは文脈次第で価値が変わる**ということです。

自動車を例に考えてみましょう。最近は車を所有しない学生さんも増えていると聞きます。今はレンタカーやカーシェアリングなど必要な時だけ利用できるサービスがいろいろありますし、駐車場代や維持費も安くありません。そうした文脈では、車を所有することに価値を感じにくいのもうなずけます。しかし、就職して結婚し、子供が生まれると生活文脈が変わります。子供が小さいうちは、自動車での移動が快適に感じられることも多々あります。日々の買い物にも都合が良いでしょう。この文脈では、所有に価値が生まれます。このように、**モノはいったん生活文脈の中に置かれ、人はその文脈込みでモノの“意味”を評価します。**

従って、無関心な未顧客を動かすには、**文脈と意味を変える**ことが重要になります。そのことを端的に表している事例を紹介します。2016年、サンフランシスコ近代美術館でちょっとした騒動がありました。美術館の一角で、床の上に“眼鏡風のアート作品”が無造作に置かれていました。次第にその作品の周りに人が集まってきます。一見すると何の変

哲もない眼鏡ですが、ある人はそれを写真に収めて、ある人は床にはいつくばって、その“アート”の意味を理解しようと努めたそうです。

実はこの作品、本当に“ただの眼鏡”でした。ある日、友人と共に同美術館を訪れていた10代の青年は、来館者たちが本当に展示作品に感動しているのか疑問に思い、ちょっとした“実験”を思い付きました。床にただの眼鏡を置いて、他の来館者の反応を見てみることにしたのです。その実験のいきさつが、上記の人々の行動です。当時SNSやネットでかなり話題になったので、覚えていらっしゃる方もいると思います。

もう一つ例を挙げます。「ペットロック」という商品を聞いたことがあるでしょうか。1970年代に「石をペットとして飼う」というブームが起こりました。ブームは半年ほどで終わりましたが、発案者は短期間で巨万の富を得たそうです。これも形の良い“ただの石”ですが、多くの人が金銭を支払って購入したのです。

ただの眼鏡を美術品に変えたのは、美術館に置かれた眼鏡から人々が感じた「**意味**」であり、ただの石が興味を集めたのも、ペットロックとラベリングされた石から人々が感じた「**意味**」です。そして、それらの意味を生み出しているのは「**文脈**」です。

眼鏡が芸術作品になったのは美術館という文脈があったからです。美術館に展示されているということは芸術として何らかの意味があるはずだと思い、人々はその意味に興味を持ったわけです。ペットロックも、飼育方法を記載したマニュアルや血統書、キャリーケースといったペット感を演出するための小物、つまり文脈がセットになって売られていたようです。その文脈が、ペットを飼うことで得られる癒やしや和みを

（ペットの世話や餌代などをかけずに）得ることができるという意味を生み出し、一部の人はそれに価値を感じたわけです。

少々極端な例ですが、文脈を変えれば意味が変わり、意味が変わればただの石でも売れるし、眼鏡も芸術に変わるということです。

商品は１つ、切り出し方は無限

眼鏡や石の例は、「**ブランドの切り出し方**」を変えれば別の価値として興味を持ってもらうことができる、つまり興味関心は「作れる」ことを表しています。そこで重要になってくるのが、ブランドのどんな側面を切り出すのか、それをどう伝えるのかということです。

商品は１つですが、**ブランドの「切り出し方」は幾通りもあります**。例えば風邪薬は、風邪を引いて熱っぽい・喉が痛いといった症状を和らげる薬としての価値がまず挙げられます。風邪を引いているという文脈においては、諸症状を抑える成分が価値になるため、「複数の有効成分」という側面を切り出すわけです。

では、風邪を引いていないときはどうでしょうか。何も価値がないかというと、そんなことはないですよね。「家族が体調を崩しやすい」「乾燥する季節になってきた」といった文脈において、「常備しておけば、いざというときにすぐ使える」という安心感や予防的使用が価値になります。もちろんこの安心感の背後には成分があるわけですが、ベネフィットの切り出し方が違ってきます。「いつもの場所にいつもの〇〇、寒気がしたらすぐ〇〇」のような切り出し方になるでしょう。

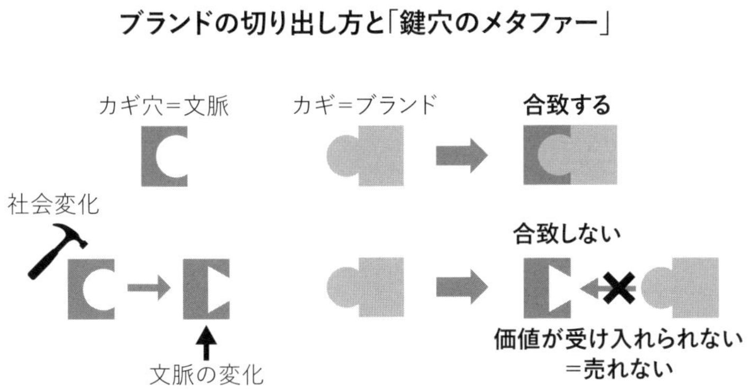

図表4-4　ブランドの切り出し方を示した「鍵と鍵穴の関係」

このように、顧客の文脈に対して最適な角度でブランドを切り出すことが重要です。逆に言えば、本来は顧客にとって価値になり得る商品でも、切り出し方が間違っていれば興味を持ってもらえないということになります。これは「**鍵と鍵穴の関係**」に似ています。マーケターはよく「メッセージが刺さった」とか「コンセプトが刺さらなかった」という表現をしますが、これは顧客の文脈を「鍵穴」、ベネフィットの切り出し方を「鍵」に例えるとイメージしやすいと思います。ベネフィット（鍵）と文脈（鍵穴）が合致している状態が、価値が成立している状態です。つまり、顧客の心のドアが開いて、プロダクトやサービスが売れるということです。しかし文脈が変わると鍵穴の形状が変化します。そうすると鍵と鍵穴の形状がずれてドアが開かないわけです（**図表4-4**）。

COVID-19などの社会変化が起こると鍵穴が大きく変化しますし、第３章で述べたように、日々のジョブや、そこで着けるペルソナの仮面によっても鍵穴の形状は変化します。従って、顧客の文脈に最も適した側面を切り出すことや、文脈に合わせてブランドを再解釈することが重要になるというわけです。

では、未顧客の文脈はどう捉えればよいのでしょうか。それを次の原則2で説明します。

4-2

未顧客を軸にした「新しい市場の見つけ方」

原則2：未顧客は本来戦うべき市場を見通すための「レンズ」である

「顧客の文脈を理解する」「ブランドの切り出し方を変える」と言うと、「キャッチコピーを変える話」と思われるかもしれませんが、そういった表面上の話ではありません。「CEPの候補となる生活文脈を見つけ出そう」という話です。

市場を捉えるパラダイムを変えてみる

突然ですが、あなたのブランドの市場はどこでしょうか。どんな市場で、誰と競争しているのでしょうか。その市場にいるのはどんな人たちですか。多くのビジネスパーソンは「**市場＝商材カテゴリー（商品分類区分）**」と捉える癖がついています。自社の産業区分やブランドの商品分類区分が根底にあり、そこに年代や性別、価格帯といった特徴による細分化が加わることで市場という認識が形成されます。例えば「若年男性向け化粧品」とか、「首都圏で共働きの夫婦をターゲットにした中～高価格帯の賃貸マンション」といった感じです。

そして、そのカテゴリーにおける「平均的な消費者像」をターゲット顧客と考えるのが一般的です。しかし本書で注目するのは、そのカテゴリーにおける未顧客、つまりマーケターが想定する「**平均的な顧客像**」に当てはまらない人たちです（**図表4-5**の斜線部分）。

市場を捉えるパラダイムを変えてみる①

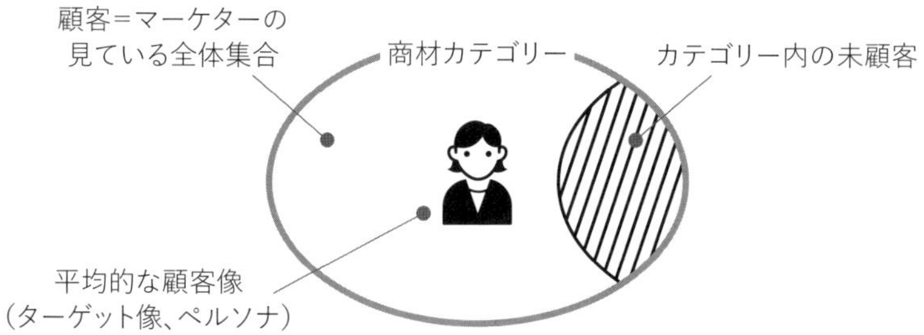

ポイント	マーケターは「市場＝商材カテゴリー」と考える癖がついている。つまり、モノやサービスの種別で市場を捉え、そのカテゴリーにおける平均的な顧客像をターゲットと考える

図表4-5　市場を捉えるパラダイムを変えてみる①

ここで、現在見えている未顧客の背後に**図表4-6**のような“別の市場を表す円”を仮定し、「実は未顧客は、もっと大きな別の市場の一部分なのではないか」という視点を持ってみましょう。つまり、「商材カテゴリーや性年代といった既存の視点で市場をくくるからその人たちは未顧客なのであって、より広い別のくくりで捉えれば顧客になるのではないか」と考えてみるわけです。

例えば、ワークマンの土屋さんの著書『ワークマン式「しない経営」―― 4000億円の空白市場を切り拓いた秘密』には、近年のワークマンの躍進の裏にある、自社の強みを生かした市場の再定義が解説されています。ワークマンはもともと建設や工事の現場で働く技能労働者を顧客として、低価格で高機能な作業服を提供する市場で戦ってきました。しかし、作業服の機能性が日常生活でも価値になるのではないかと視点をシフトすることで、「低価格の高機能ウェア」というブルーオーシャン市場を発見したそうです（土屋, 2020）（**図表4-7**）。

市場を捉えるパラダイムを変えてみる②

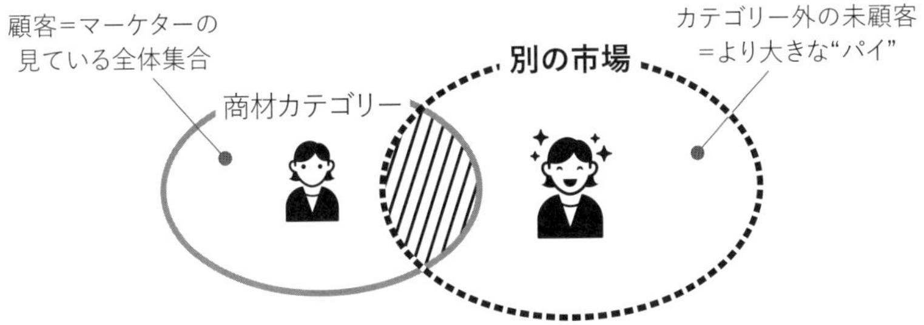

ポイント	右のような“別の市場を表す円”を仮定して、「自社ブランドは別のもっと大きな市場の一部分なのではないか」「カテゴリー内の未顧客は、カテゴリー外に広がる本来の市場の一角を表しているにすぎないのではないか」という視点を持ってみる

図表4-6　市場を捉えるパラダイムを変えてみる②

市場を捉えるパラダイムを変えてみる：ワークマンの例

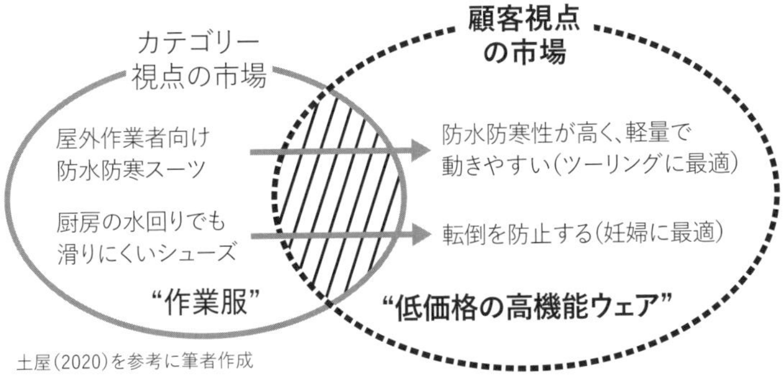

土屋（2020）を参考に筆者作成

視点のシフト	作業服の機能性は日常生活でも価値になるのではないか？

図表4-7　市場を捉えるパラダイムを変えてみる：ワークマンの例

機会は「気付くもの」、市場は「作るもの」

今まで当たり前と思ってきた市場の定義を一度取り払ってみましょう。その際、未顧客は、現在の市場から別の市場機会を見通す「レンズ」や「望遠鏡」のような役割を果たしてくれます（**図表4-8**）。

大切なのは、ブランドと消費者の生活が交わる接点で何が起こっているかに目を向けることです。昨今の消費傾向として、同じブランドでも異なる目的のために購買されるという「**利用文脈の多様化**」が挙げられます。データ上は同じ「購買」でも、何のために買うのか、どう使うのかといった文脈が多様化しているのです。こうした文脈の変化が新しい市場の起こりになります。ただし、“市場が自然発生するわけではない”という点に注意しましょう。**市場は、そうした文脈に立脚しながらマーケターが作るもの**です。CEPも同様です。市場の起こりにアンテナを張りながら、マーケターが見つけるべきものです。

未顧客を“レンズ”として、新しい市場機会に気付く

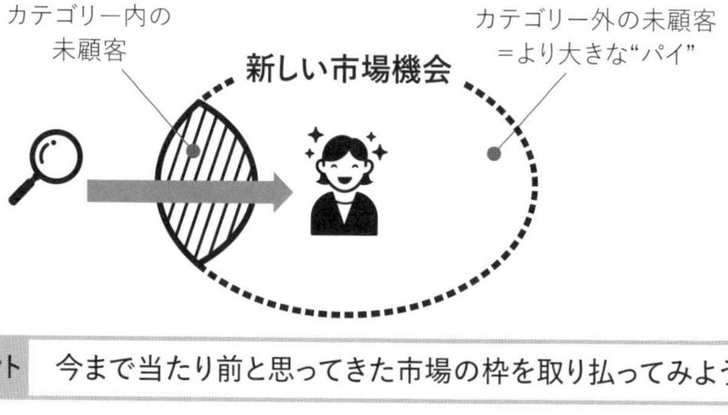

ポイント　今まで当たり前と思ってきた市場の枠を取り払ってみよう

図表4-8　未顧客を“レンズ”として新しい市場機会に気付く

例えば、昨今のシャンプー市場では、「自分の持つ内的な美しさを引き出すこと」や「家族で入るお風呂の時間を豊かにすること」といった感情的な意味が重視されるようになってきています。しかしシャンプーは最初からそうした感情的な文脈で買われていたわけではありません。シャンプーが日常的に使われるようになったのは高度経済成長期以降です。それ以前は日常的に髪を洗うことが当たり前ではなかったので、洗髪自体の意味を広める必要があったわけです。「週に1回は髪を洗おう」「せっけんではなくシャンプーを使おう」といった広告による啓発を通して、「髪を洗う」という市場が作られていきました。

1960～1970年代に入ると内風呂の普及に伴いシャンプーも徐々に浸透していきます。とはいえ、そのときは週2、3回の洗髪頻度ですから、シャンプーは主にフケやかゆみ、匂いを防ぐために買われていました。「清潔」が市場の中心だったわけです。1980年代になると「清潔さ」だけでなく「髪の美しさ」が求められるようになり、ヘアケアや朝のシャンプーといった新しい意味が与えられていきます。その後1990年代ではカラーリングやパーマなどが盛んになり、シャンプーにはダメージケアや天然成分といった、洗髪以外の意味が付与されていきます。この流れは2000年以降も続き、スカルプケアや髪質改善、ボタニカルなど意味の細分化が進んでいきます。

このように、生活文脈に応じた意味やラベル（名前）が消費行動に与えられ、市場になっていきます。つまり、**市場は社会環境と人の生活、企業の意味付けの相互作用として形成される**わけです（図表4-9）。シャンプーの変遷は背景にある社会変化が大き過ぎて再現性が低いと思われるかもしれませんが、生活文脈の理解とブランドの再解釈次第で意味付け可能な「ホワイトスペースCEP」はいくらでもあります。また、企業

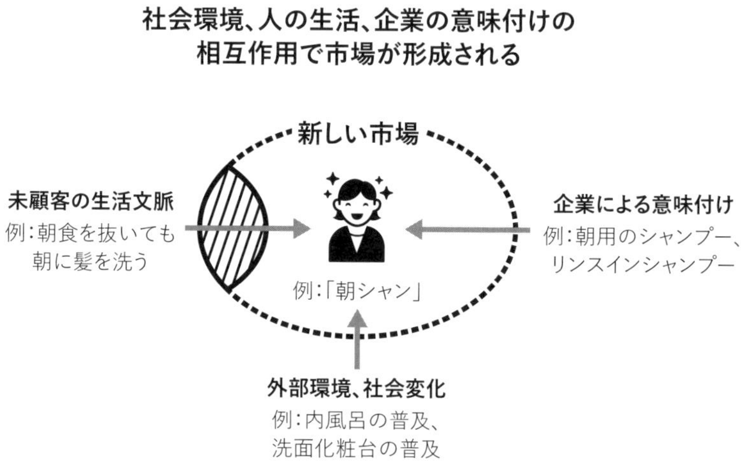

図表4-9　社会環境、人の生活、企業の意味付けの相互作用で市場が形成される

が新しく開発した機能や成分によって、競合が進出できなかった市場や生活文脈を開拓できるようになることもあります。

新規獲得や市場拡大の本質は、こうした「**意味の奪い合い**」であり、「**生活文脈の陣取りゲーム**」です。広告で新しい機能や成分を宣伝するにしても、うまい広告はその機能が生活の中でどんな意味を持つのか、どんな意味として伝わるべきなのかが考え抜かれています。逆に下手な広告では、機能が生活上の意味に翻訳されていません。新しい機能の告知にはなっても、**ブランドを使うことの意味がアップデートされないため興味や関心を持たれず、記憶にも残らない**ので、CEPの増加につながらないわけです。

新しい市場機会に気付くテクニック

こうした視座に立つと、テレビCMやSNSといったメディアでの「伝える接点」だけでなく、ブランドと顧客の生活が交わる**生活接点**に着目する重要性がお分かりになると思います。マーケターが顧客のことを考えるときは、いかに商品やサービスを売るかという「**ビジネスのくくり**」の中で考えがちですが、顧客は常に「**生活のくくり**」の中でブランドを捉えています。

マーケターにとっては買ってもらうことがゴールですが、顧客のゴールは「自分自身や生活が良くなること」であり、ブランドはそのゴールのために採用される手段です。従って、ブランドを買う、利用するという行為をより大きな生活の一部として捉えたとき、その文脈での顧客のゴールは何なのかを人間主体で見つけていくことが、CEPの候補となる生活接点を理解する最初の一歩になるわけです。

ここから、生活接点の文脈を理解し、新しいCEPの仮説を立てるためのアプローチを３つ紹介します。

(1) 現在の用途から新しいCEPを見つけるアプローチ
(2) 便益競合から新しいCEPを見つけるアプローチ
(3) 未顧客の行動から新しいCEPを見つけるアプローチ

どのアプローチにおいても、「どんな生活文脈でブランドが利用されるのか」というシーンと、「どんな目的のために利用されるのか」というゴールを理解することがポイントです（**図表4-10**）。

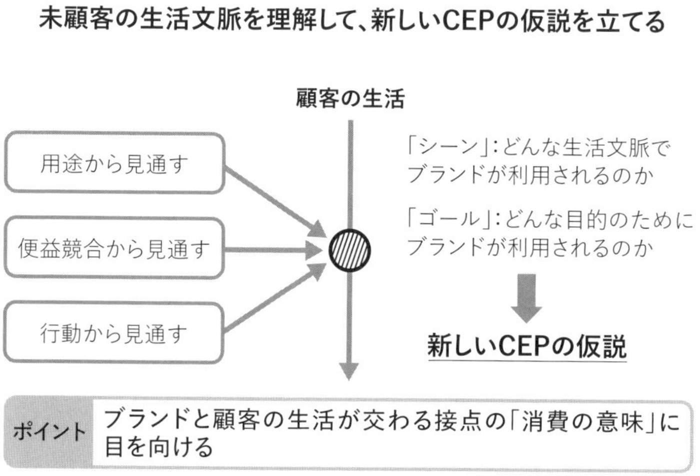

図表4-10　未顧客の生活文脈を理解して、新しいCEPの仮説を立てる

(1) 現在の用途から新しいCEPを見通すアプローチ

一番取り組みやすいのは、自社商品が利用される用途から遡って、他にどんな文脈で使われ得るかを逆算していく方法です。「たまに買う」「気が向けば買う」といったライトユーザーはどんな用途で商品を買っているでしょうか。

例として、第2章で取り上げたチーズケーキで考えてみます。仮に、仕事中のおやつや間食として買われることが多いらしいとしましょう。では間食という用途が提供する価値は何でしょうか。つまり、間食をすることのゴールは何でしょうか。例えば「小腹を満たす」というゴールがありそうです。では、その「小腹を満たすこと」が求められる生活文脈として他にどのようなシーンやタイミングがあるだろうかと想像すると、「忙しい出勤時の朝食の代わり」「運転中や移動の合間に済ませる食事」などが思い浮かぶでしょう。そうしたシーンで現在利用されている競合商品は何でしょうか。例えばゼリー飲料が挙げられます。こうした競合の存在は、そのシーンに市場があることの根拠になります。こうした考察から、次のようなCEPの仮説が浮かんできます。

現在の用途から導かれたチーズケーキのCEP

現在の用途：仕事中のおやつ

ゴール：小腹を満たす

シーン：忙しい朝の朝食の代わり、運転中や移動の合間の食事

競合：ゼリー飲料

(2) 便益競合から新しいCEPを見通すアプローチ

ライトユーザーが自社商品の代わりに使っている商品やサービスから市場機会を考察する方法もあります。その際、ポイントになるのは、いったん自社商品が属する商品カテゴリーに遡り、そのカテゴリーと価値レベルで代替可能な別カテゴリーの商品が利用される生活文脈を発想していくことです。例えば、ヨーグルトを食べる人はどんな人でしょうか。ぱっと思い付くのは、健康志向の人や健康に気を使っている人ではないでしょうか。今はいろいろなヨーグルト商品が販売されていますが、基本的にヨーグルトは「日々続けることで内側から丈夫な体を育てる」ことが期待される商材です。では体の内側から健康になりたいと思っている人が利用するのはヨーグルトだけでしょうか。そんなことはないですよね。例えば次のような商品や行動が、ヨーグルトの代替品として考えられます。

＜ヨーグルトの便益競合＞

・発酵食品や乳酸菌食品
・食物繊維の多い食品や野菜
・軽めのスポーツをする
・ジムに行く
・ヨガ、ストレッチをする
・睡眠の質を高めるサプリを飲む
・スマートウオッチで規則正しい生活を送る
・マインドフルネスに取り組む

このように、自社商品と価値レベルで代替可能なカテゴリー外の商品やサービスのことを「**便益競合**」と言います。競合というと、つい自社と同じ商品区分の他社商品と思いがちですが、実は顧客の財布の中身を奪い合っていたのはカテゴリー外の商品だったということもあるわけです。こうした便益競合も新しいCEPを指し示すシグナルになります。健康志向が強い人にとってはヨーグルトも価値になりますが、体の内側から健康になるという意味では上記のような商品やサービスも価値になり得るわけです。ということは、便益競合が利用される文脈で、逆にヨーグルトが採用されてもおかしくありません。

このように、同じ価値を提供する便益競合から新しい機会を見通すこともできます。チーズケーキで考えると、仕事中に小腹を満たす以外にも「手軽に糖分補給をする」ために買われるかもしれません。そのとき、何が便益競合になるでしょうか。例えばキャンディーが挙げられるかもしれません。ではキャンディーが糖分補給に利用される文脈としては、他にどのようなシーンやタイミングが考えられるでしょうか。キャンディーは登山やサイクリングのような持久系スポーツの行動食として優秀です。そう考えると次のような市場機会があるかもしれません。

便益競合から導かれたチーズケーキのCEP

便益競合：キャンディー

ゴール：手軽に糖分補給

シーン：登山やサイクリングのような持久系スポーツの行動食

競合：チョコレート、クッキー

(3) 未顧客の行動から新しいCEPを見通すアプローチ

未顧客は、ノンユーザーやライトユーザーだけではありません。想定外の使い方をしているような少数派の顧客も未顧客です。そうした少数派に着目することで別のCEPに気付くことがあります。例えばミネラルウオーターは基本的に飲用として販売されています。しかし、暑い日の皇居ランナーや部活の休憩時間、工事現場などを観察すると、直接頭からかぶる、タオルなどを濡らして頭部や首部に巻くといった「浴びる用」や「冷やす用」に使われる場合があることに気付きます。こうした用途は、気化熱を利用して体を冷ます、もしくは直接的に冷たく感じたいという市場を指し示しています。

平均的な顧客像に縛られているとあまり目が向きませんが、こうした通常の用途とは異なる使われ方や想定外の利用シーンをレンズにすると、新しい市場が見えてくることがあります。また未顧客の行動の中には、マーケターからすると「なぜ？　どうして？」と疑問符が付くものがあります。そうした、一見すると不合理に思えたり直感に反したりするような行動も、新しい市場に気付くための重要なシグナルです。

着目すべき未顧客（少数派）の行動例

▶**不合理、矛盾**：マーケターから見ると説明がつかない、合理的と思えない行動
▶**想定外の使い方**：マーケターが想定していた用途や利用シーン以外での使われ方
▶**工夫や自助行動**：専用の商品やサービスを採用せず、自分なりの工夫や代替品を用いた問題解決が行われる行動
▶**極端な購買行動**：利用額や利用人数、購買量や間隔、時期など、特定の側面が極端に偏った行動
▶**イベントやシーズン**：ある特定の時期や季節に集中する行動
▶**繰り返される行動**：特定の時間や場所など、同じ条件下でのみ繰り返される行動
▶**準拠集団への帰属意識**：特定の文化や集団への帰属意識が表れている行動。その集団の価値観やルールが色濃く表れている行動

第２章の冒頭で示したチーズケーキの事例の中には、「昼は甘い物はNG、しかし夜はOK」というくだりがありました。昼に食べても夜に食べても1日の摂取量としては同じです。また昼であれば、その後の仕事やジムに行って消費することができるかもしれませんが、夜は寝るだけなので、カロリーや糖分という視点だけで考えると不合理です。

もしかすると昼と夜では「甘い物」の捉え方が違うのかもしれません。つまり甘い物を食べるという行動は昼と夜で別の文脈として捉えられていて、それぞれの文脈のゴールが違うため、昼は駄目でも夜は構わない

という理屈が成立するのではないでしょうか。夜の文脈では、仕事が終わった後にちゃんと一日を締めくくることがゴールですから、次のようなCEPが見えてきます。

未顧客の行動から導かれたチーズケーキのCEP

行動：甘い物を昼に食べるのはNG、夜は食べてもOK

ゴール：1日をちゃんと締めくくる

シーン：会社からの帰宅時（夜の文脈）

競合：ワイン、アイスクリーム

ここまで3つのアプローチを説明しましたが、どのように使い分ければいいでしょうか。例えば、売りになる機能や成分が決まっている場合は「(1) 現在の用途」から、コモディティ化が進んでいる場合やゼロベースで広く考えたい場合は「(2) 便益競合」から見通しを立てるのがいいと思います。これらのアプローチは、あまり顧客の調査に予算をかけられない場合にも使えます。逆に、インタビューしたり行動を観察したりできる場合は、「(3) 未顧客の行動」から見通しを立てるのがいいと思います。

企業の合理で新しい市場の可能性を捨てない

こうして生活接点に着目した考察を進めると、いくつかの新しい市場機会が見えてきますが、本当にそんな市場があるのでしょうか。例えば、本当にチーズケーキが持久系スポーツの行動食になるのでしょうか。イメージとしては、チーズケーキは軟らか過ぎてスポーツシーンには合わない気もしますが、腹持ちがいいので、その点の相性は良さそうです。ならば、水分を飛ばして固めのチーズケーキを作ればいいのか、それともチーズケーキ味のクッキーやバースナックにした方がいいのか……など、不確定要素だらけです。

ここで「スポーツにチーズケーキなんて聞いたことがない」と頭ごなしに否定するのは簡単です。企業の合理で考えればそうなるでしょう。しかし、「売れるわけがない」と言われたプロダクトやサービスが市場を席巻した事例は枚挙にいとまがありません。大切なのは、企業の合理ではなく、「**顧客の合理**」で機会を考えてみることです（**図表4-11**）。この点に関して、次の原則３で詳しく見ていきます。

「顧客の合理」を理解するまで、棄却も採用もすべきではない

CEPの仮説1

用 途：仕事中のおやつ
ゴール：小腹を満たす
シーン：忙しい朝の朝食の代わり、運転中や移動の合間の食事
競 合：ゼリー飲料

CEPの仮説2

便益競合：キャンディー
ゴール：手軽に糖分補給
シーン：登山やサイクリングのような持久系スポーツの行動食
競 合：チョコレート、クッキー

CEPの仮説3

行 動：昼に甘い物はNG、夜は食べてもOK
ゴール：一日を締めくくる
シーン：会社からの帰宅時（夜の文脈）
競 合：ワイン、アイスクリーム

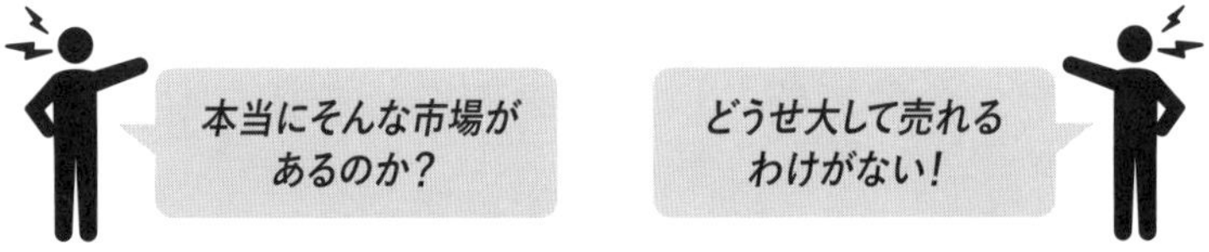

図表4-11　企業の合理ではなく「顧客の合理」で考える

4-3

未顧客の「話の聞き方」と「観察の方法」

原則3：行動の背後にある欲求、抑圧、報酬から「顧客の合理」を理解する

未顧客はブランドへの興味関心が薄い人たちです。ニーズは何か、どうしたら買いたくなるかといった「答え」を聞こうとしても、彼・彼女ら自身が答えを持っていません。また、第1章で説明したように、未顧客はブランドにひも付ついたデータを取得できません。では、どうするかというと、行動観察やインタビューを通してCEPの文脈を表すデータを取得します。そこから、その文脈で生活している未顧客の行動パターンや思考の規則性を探り、それに合わせてブランドを再解釈していきます。何が欲しいかを聞くのではなく、ブランドが利用されるシーンの周辺にある事実から、**その状況に置かれたときの人間の考え方や行動パターンを探り、それに沿う形で商品や広告を開発するわけです**。その後、定量的な検証を行います（5-6参照）。

原則３の前半では、一見不合理に見える言動の背後にある「**顧客の合理**」を理解することの重要性を説明します。後半では、特定の文脈や状況に置かれた人間の合理（考え方、物事の捉え方）を理解する「**オルタネイトモデル**」の作り方を解説します。第２章のチーズケーキ事例の分析に用いたフレームワークです。

顧客の合理はマーケターの不合理

「消費者の行動は不合理だ」「無意識が行動を支配している」という話を耳にしたことがあるかもしれません。マーケティングリサーチの実務に携わったことがある方であれば、顧客が言っていることと実際の行動が一致しないという場面に出くわしたこともあると思います。例えば第2章で紹介したチーズケーキの例も、結果だけを聞けば不合理に思えます（**図表4-12**）。

しかし、本当に顧客は不合理なのでしょうか。**顧客には顧客の合理があり、我々がそれを知らないだけ**と考えることはできないでしょうか。顧客から見れば、我々は“部外者”です。部外者から見ると不合理でも、当事者（顧客）にとっては合理的なのかもしれません。最も非生産的なのは、「不合理だ」の一言で片付けてしまう（思考停止してしまう）ことです。「不合理だ、無意識だ」といった言い方には「だから理解するのは難しい、変えるのは無理だ」という含みがある場合もあります。これは、いわゆるフロイトが示したような曖昧な概念として無意識を捉えていることに起因していると思われます。しかし近年の無意識の捉え方は、フ

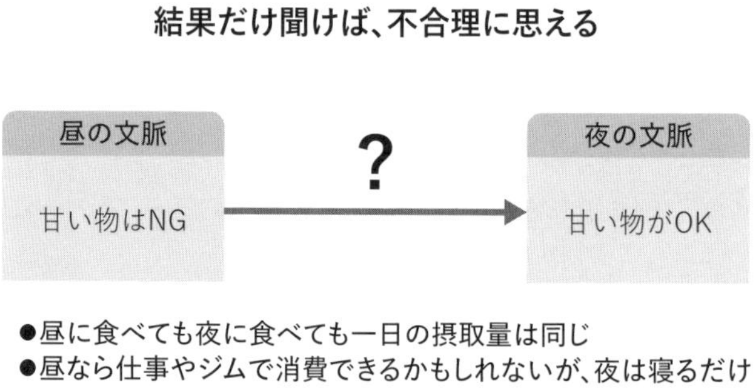

図表4-12　結果だけ聞けば、不合理に思える

ロイトが言うような“煮えたぎる衝動”や“抑圧された幼少期の体験”といった、つかみどころのない概念ではありません。

最も分かりやすいのは、人間は「**速い思考（システム１）**」と「**遅い思考（システム２）**」という2つの思考モードを使い分けているという二重過程理論でしょう。**二重過程理論**はさまざまな心理学者が提唱していますが、ダニエル・カーネマンの著書『ファスト&スロー』（Kahneman, 2014）で一躍有名になりました。システム１とは、熟考しない、ほぼ自動的な情報処理です。よって本人にもコントロールできません。例えば、「1+1は？」と聞かれたら頭の中に答えの数字の「2」が浮かんでくると思います。しかし、「1+1」という式を見ながら「2」を思い浮かべないことはできないと思います。「1+2」はどうでしょうか。「2+3」はどうですか。これがシステム1、つまり無意識の働きです。

システム１では、自分のこれまでの記憶や経験から瞬間的な判断をすることが可能です。一方で、自分にとって都合の良い情報だけが処理され、過度に一般化された結論を導く傾向もあります。典型的なのは、衝動買いです。例えば、店頭でかわいいジャケットを見つけ、思ったより値段が高くても、「少し食費を抑えれば買えそう！」と判断するようなケースです。本当に食費を抑えるだけで払えるのか、どれくらい抑えないといけないかなどの計算はされません。また、衝動買いしそうになって「これは危ない」と瞬時に自制するのもシステム１です。

これに対してシステム２は、論理的で意識的な情報処理です。判断は遅くなり集中力も必要ですが、複雑な意思決定が可能です。システム１の判断に困難が生じた時には、システム２が機能します。衝動買いの例で言うと、いったん店の外に出てクールダウンした時にシステム２が働き出します。「少し食費を抑えた程度では支払いが間に合わない」「着られるシーズンが限られているし、合わせるボトムスを持っていない」「ちょっと他の店も見てみよう」。こうした判断がシステム２です。すべての物事をシステム２で処理すると脳への負荷が大き過ぎるので、日常生活の大半はシステム１で処理されるようになったといわれています。

システム１はその特性上、バイアスを含む不合理な判断をする傾向が

行動の背景を理解すれば、顧客の合理に気付く
顧客の合理を理解すれば、マーケティングを有利に進められる

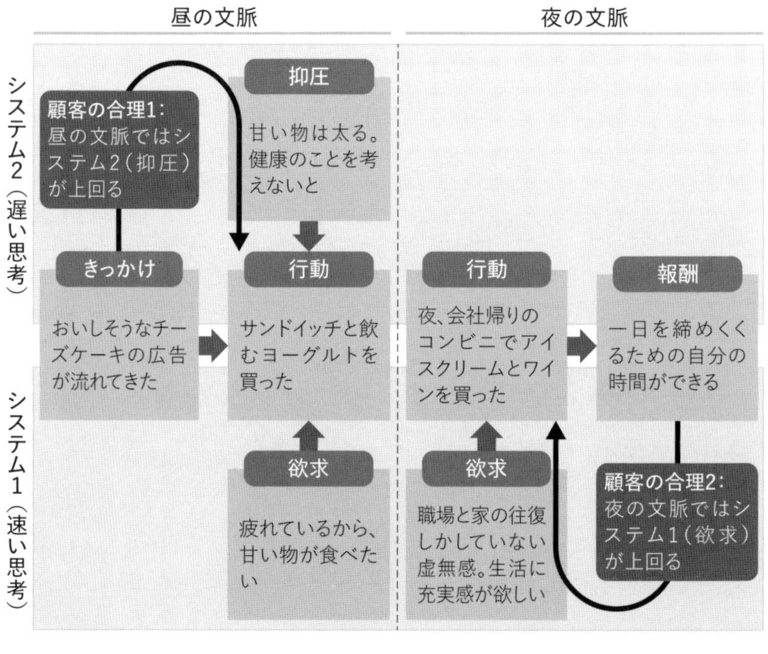

図表4-13　第２章のマンガに登場した登場人物の昼の文脈と夜の文脈

ありますが、システム２が働いたからといって、必ずしも合理的な行動になるとは限りません。また、システム１とシステム２がそれぞれ異なる結論を出し、それらが対立することで不合理な行動になることもあります。第２章のチーズケーキの例などはまさにそれです。昼の文脈では甘い物を食べたいという欲求（システム１）と、健康に気を付けないといけないという抑圧（システム２）が対立した結果、欲求が抑圧に負け、サンドイッチという甘くない商品が選ばれています。逆に夜の文脈ではそのような対立は起こっていないため、欲求が購買行動につながりやすく、甘い物が受け入れられやすいと考えられます（**図表4-13**）。

その結果、顧客の中で次のような合理が形成されるわけです。

顧客の合理
「仕事中の昼間は健康のために甘い物を控えるべき。しかし夜は、ちゃんと1日を締めくくるために、甘い物で充実感を得ても構わない」

このように、同じ購買行動でも、文脈が異なればその裏で働く顧客の合理も異なるため、その違いによって言動が不合理に見えることがあるわけです。言い換えれば、**言動の背後にある合理を理解できれば、逆にそれを利用してマーケティングを有利に進めることもできる**ということです。例えば、第２章で紹介したチーズケーキの例では、心理的な障害が少ない夜の文脈を狙った方が有利になるでしょう。

ビジネスでは、合理的だから正しい（もうかる）、不合理だから間違っている（もうからない）という単純な構図にはなりません。我々から見れば不合理でも、顧客にとって合理的なのであればビジネスとしては正解です。同様に我々から見れば合理的であっても、顧客にとって不合理なのであれば、それはビジネスとして間違っているということです。ですから、無意識や不合理を曖昧な概念で片付けるのではなく、「言語化して理解できるものだ」と捉え直しましょう。そして、**不合理に見える行動を合理的たらしめている顧客の事情や心理は何なのかを考察していく**のです。

顧客の合理を理解するアプローチの定式化

顧客の合理は、「あなたの合理は何ですか？」と聞いて教えてもらえるものではありません。CEPでの行動を観察し、「なぜその行動が彼・彼女にとって合理的なのか」を事実ベースで考察する必要があります。しかし、多くの要因が複雑に絡み合っていることが予想される現象を、どのように観察し、考察すればよいのでしょうか。なるべく個人の力量に依存しない一定の指針があることが望まれます。このような問題に取り組むには、まずいったん**物事を単純化して、解ける問題として定式化する**ことが効果的です。

人間の認知メカニズムの単純化と定式化については、AIなどに使われる機械学習の一つである**強化学習**がヒントを与えてくれます。まず顧客の合理とは、「どういう状態の時にどんな行動を取るべきか」という行動ポリシー（方策）のようなものですね。そして、その方策は主に生活文脈の関数になっているというのが、第３章の先行研究で得られた示唆の1つです（Allenby, et al., 2002; Fennell and Allenby, 2002; Yang et al., 2002）。例えば、唯一の考慮集合があるわけではなくCEPに応じて想起集合が形成される（Romaniuk & Sharp, 2022）というのも、ブランド選択の方策が文脈から影響を受けて変化することを表す一つの例と言えるでしょう。強化学習では、特定の環境で得られる「**報酬**」を最大化する方策を学習していくと考えます（Sutton, 2018）。

一つ思考実験をしてみましょう。ある生活文脈に置かれた未顧客について、次のようなアルゴリズム（過程）を考えてみてください。

1) 未顧客は、ある状態である行動を行うと、自分にとってどんな良いことがあるか（もしくは悪いことが起こらないか）を、生活文脈の中で経験的に学んでいる
2) ある状態に置かれた未顧客が取り得る行動には、いくつかの選択肢がある
3) どの状態でどの行動を取るかは確率的に決まる（顧客の合理）
4) 元の状態である行動を行うと、別の状態に確率的に遷移する
5) 異なる行動には異なる報酬が発生する。何が報酬になるかは文脈に依存する
6) 未顧客は、さまざまな状態で行動と報酬の受け取りを行い、得られる報酬の総和を比較する

このように、ある状態における行動の価値を受け取る報酬の期待値で評価する式を「行動価値関数*」と呼ぶのですが、上記のステップを繰り返すと、**顧客の合理は、得られる報酬の期待値が最も大きな行動を多く選ぶように収束していく**と考えられます。従って、未顧客の現在の行動は、自身が置かれた文脈で得られる報酬を最大化するような合理に基づいているはずです。このように単純化すると、顧客の合理の理解は、「報酬を規定する文脈要因を明らかにする問題」として定式化することができるでしょう。つまり、**あるCEPにおいて何が未顧客にとっての報酬になるのか、それはなぜか**を文脈ベースで探ればよいのです。

＊ 顧客理解の意味に合うように本来の定義から少し変えています

そうした探索には、文化人類学の手法が役立ちます。文化人類学では、

未知の対象（社会、集団、個人など）を調査して、その文脈や構造を説明する新しい理論を発見するためのアプローチが発展してきました。そうしたアプローチの一つに、「**ナラティブアプローチ**」が挙げられます。ナラティブアプローチは、人の認識がどのように形成され現在の行動につながっているのかという構造を、顧客が語る「エピソード」と、生活文脈に存在する「ファクト」の両方をベースに洞察していく手法です（村山・芹澤, 2020）。

筆者はナラティブアプローチの専門書も上梓しており、さまざまなブランドで文脈と購買行動の関係を調査してきたのですが、文脈をある生活シーンに限定した場合、行動は主に次の４つの要因で規定されることが分かってきました。すなわち「**行動のきっかけ**」「**行動の動機となる欲求**」「**行動を条件付けする抑圧**」「**行動から得られる報酬**」です。以下、順に解説します。

CEPにおける顧客の合理を捉える４つのポイント

きっかけ：「その行動は、どんな状況で起こったのか？」
欲求：「その行動は、どんな欲求に根差しているのか？」
抑圧：「その行動は、どんな制限や条件付けを受けているのか？」
報酬：「その行動をすると、どんな良いことがある（悪いことが起きない）のか？」

きっかけ：「その行動は、どんな状況で起こったのか？」

まずは、CEPで未顧客が行っている行動や活動に着目し、その行動が起きるきっかけが何かを把握します（**図表4-14**）。行動はその時の状況や環境によって変化するため、以下のような事実を中心に状況を把握します。

行動のきっかけとなった状況を事実ベースで把握する

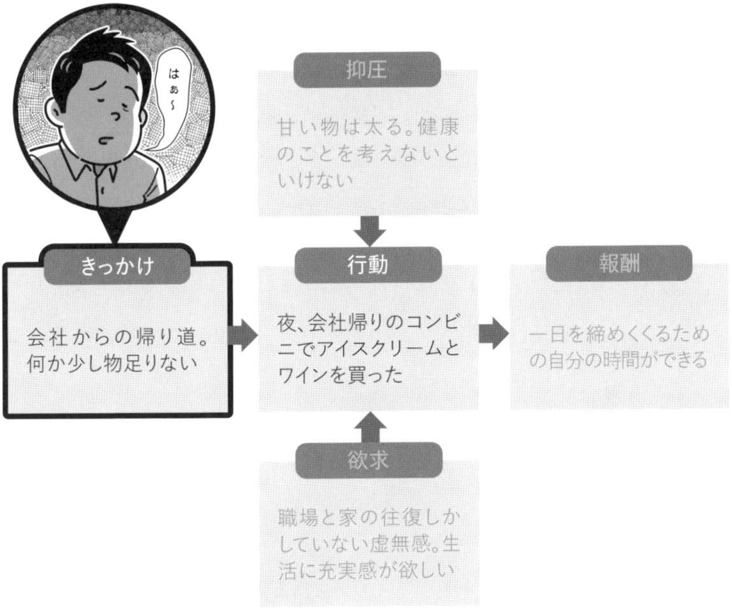

図表4-14　きっかけ

- ●何をしている時か（What）
- ●どこか（Where）
- ●誰といるか、誰がいないか（Who）
- ●どんな時間／タイミングか（When）

欲求：「その行動は、どんな欲求に根差しているのか？」

次に行動の背景、特に心理面を詳しく見ていきます。新規獲得を意識すると「どうやって競合と差別化するか、どのように機能の優位性を伝えるか」といった部分に意識が行きがちですが、マーケターが常に覚えておかなければならないのは、「人間の欲求に根差しているモノは売れる、そうでないものは売れない」ということです。

いくら機能が新しくても、独自の成分があっても、その新しさや独自性によってどんな欲求が満たされるのかが不明な提案では、モノは売れません。新規獲得や利用機会の拡大を狙うときこそ、いったん商品やサービスから離れて、その商品やサービスが利用されるシーンにおける「人間の欲求」を見つけ出すことが大切になります（**図表4-15**）。

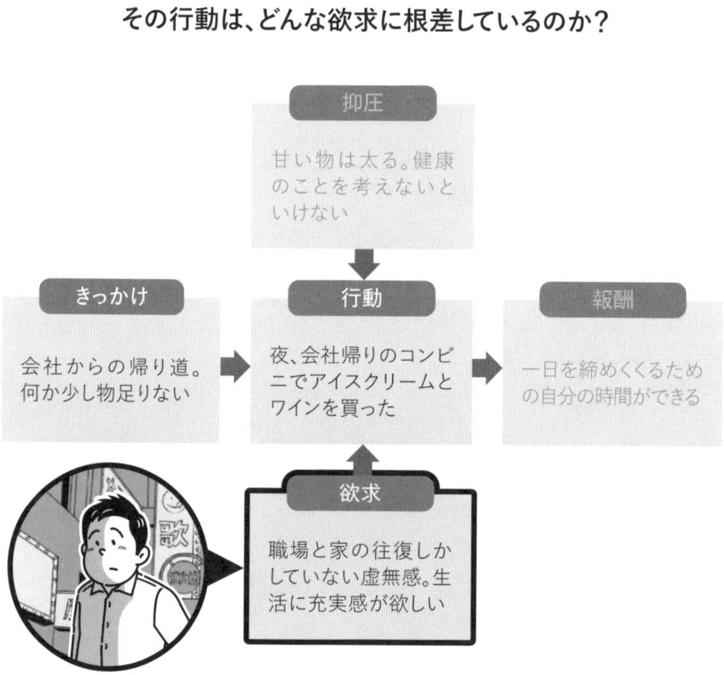

図表4-15　欲求

図表4-16　欲求チェックリスト

理想、進歩、自己実現	
□	こうありたい、もっとこうだったらいいのにという理想を実現するための行動や意識がないか
□	既に起こっている良いことをさらに伸ばそうとする行動や意識がないか
変化への適応	
□	周りの状況や環境の変化に適応するための行動や意識がないか
□	望まない影響を減らす、なくすための行動や意識がないか
快楽や本能的な欲求	
□	快楽や享楽を追求している行動や意識はないか
コストパフォーマンス	
□	一石二鳥、お得感、コスパを高めるための行動や意識はないか
リスクや損害の解消、回避	
□	物理的な損害や障害、不足、不満足を解決するための行動や意識はないか
□	ケガや病気、感染の心配はないか。身体的・精神的な危険、苦痛、リスクを回避するための行動がないか
ルーティンの効率化	
□	日々の単純作業や、やらなければいけない仕事を楽にする、効率化するための行動や意識はないか
ハードシップの受容	
□	つらい出来事や不都合な事実を受け入れるために考え方や見方を変えたり、認知的不協和を低減したりするために自分に言い聞かせようとしていないか
当たり前の改善や前進	
□	長い間当たり前と思ってきたことを変えようとする行動や意識はないか。そうするしかない、そういうものだと諦めてきたことに対して進歩や前進を求めていないか
対立の解消	
□	何かしらの対立や不和を仲裁、解消、低減するための行動や意識がないか
利他行動	
□	自分以外の誰かのための行動や意識はないか。他の誰かの不満足や不遇、嫌なことを解消するための行動や意識はないか
準拠集団への適合	
□	自分が所属する集団の文化や伝統、規範を保つための行動、発言はないか
尊厳や価値基準の保全	
□	その人の存在価値や価値基準が脅かされていないか。自分の考え方や尊厳、存在意義を守るための行動や意識がないか
競争意識や羨望、承認欲求	
□	他人や他人の環境を羨ましいと思う態度、否定する発言、嫉妬、マウンティング的な行動や意識はないか
ソーシャルジャスティス	
□	自分が正しいと思うことを貫こうとする、強化するための行動や意識はないか

筆者が行動観察をする際に、チェックリストとして用いている欲求分類を**図表4-16**に掲載します（実際にはこれらを文脈に合わせて言い換えたり、組み合わせたりして欲求を探索します）。

抑圧：「その行動は、どんな制限や条件付けを受けているのか？」

抑圧とは、欲求や行動に対する明示的・非明示的な制限や負荷、条件付けのことです（**図表4-17**）。

その行動は、どんな制限や条件付けを受けているのか？

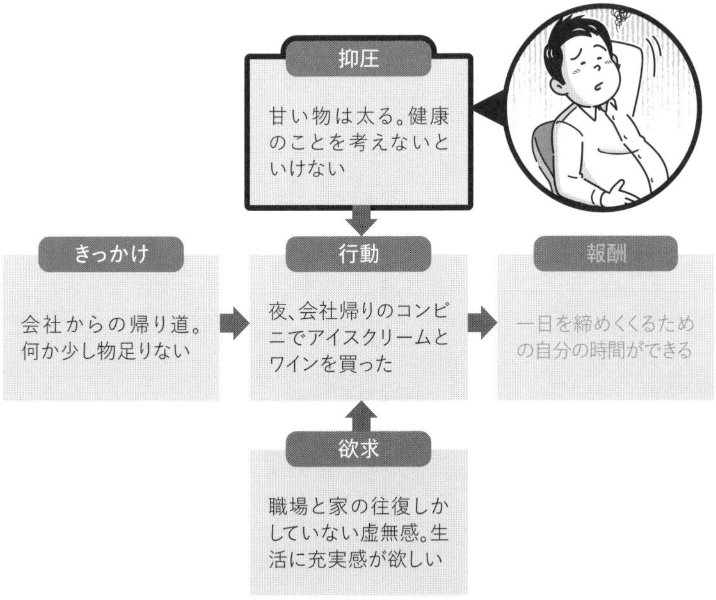

図表4-17　抑圧

人間は社会の中で生きているので、ほぼすべての欲求が何かしらの抑圧を受けます。つまり、人間の行動は欲求だけに支配されているのではなく、欲求と抑圧の板挟み状態で起こっているわけです。欲求と同じく、抑圧にもいろいろあるのですが、大きく分類すると「**物理的な抑圧**」「**心理的な抑圧**」「**社会的な抑圧**」の3種類に分けられます。

物理的抑圧

入手が困難、商品やサービスの使い方がよく分からない、難しい、量や質が十分ではない、情報が十分ではない、種類が多過ぎる（少な過ぎる）、時間がかかるなど

心理的抑圧

嫌だ、面倒くさい、後回しにしたい、恥ずかしい、自分に合わない、自信がない、怖い、後悔しそうなど

社会的抑圧

社会性、理性、理想像、べき論（規範）、コミュニティにおける暗黙の了解やルール、道徳心、暮らしている文化の思想、生活習慣など

物理的抑圧と心理的抑圧は比較的理解しやすいのですが、社会的抑圧は表出しにくい傾向があります。そういうときは未顧客が持っている**定説**に着目してみてください。人はそれまでの経験に基づいて、「これはこういうものだ」「こうしなければいけない」「これが当たり前だ」といった信念を持っているものです。いい意味では経験則、悪い意味ではバイアスと呼ばれます。そうした定説が思わぬ社会的な抑圧を形成していることがあります。例えば、次のような問いを持って観察を進めると、見えてくる抑圧があるでしょう。

定説の分析視点

・その人にとっての当たり前の行動や当然の想定は何か？
・これはこういうものだという決め付けがないか？
・こうしなければいけないという自分ルールや規範はないか？
・ある結果が起きるために必要と思われている前提は何か？
・こうしたらこうなる、こういうことが起こるという思い込みはないか？

報酬：「その行動をすると、どんな良いことがある（悪いことが起きない）のか？」

ここまで見てきたように、欲求とは「そうしたいからそうする」という側面です。それに対して抑圧とは「そうしなければいけないからそうする（そういうものだからそうする）」という側面です。

欲求

そうしたいからそうする（本能、生理、衝動、快や楽を求める）

抑圧

そうしないといけないからそうする（社会性、理性、ルール、習慣、文化）

これらに加えて、行動にはもう一つ重要な側面があります。それが行動の「**報酬**」です。すべての行動には報酬があります。特定の生活文脈において何が報酬になるのかという理解は、CEPにおける購買行動の連続性および断続性を解明する重要な手掛かりになります。

そうしたいからそうする（欲求）という場合、その行動の先には欲求を満たす何かしらの良いことが期待されているわけです。「腹が空いたから食べる」といった生理的な行動でも、「暇だからゲームをする」といった快や楽を求める行動でも、必ず何かしら本人にとって良いこと（報酬）に向かっています（**図表4-18**）。

そうしないといけないからそうする、そういうものだからそうする（抑圧）という場合、その行動をしないと何か悪いことが起こると思われています。「深夜は音楽のボリュームを下げる」「遅刻せずに会社に行

その行動をすると、どんな良いことがある（悪いことが起きない）のか？

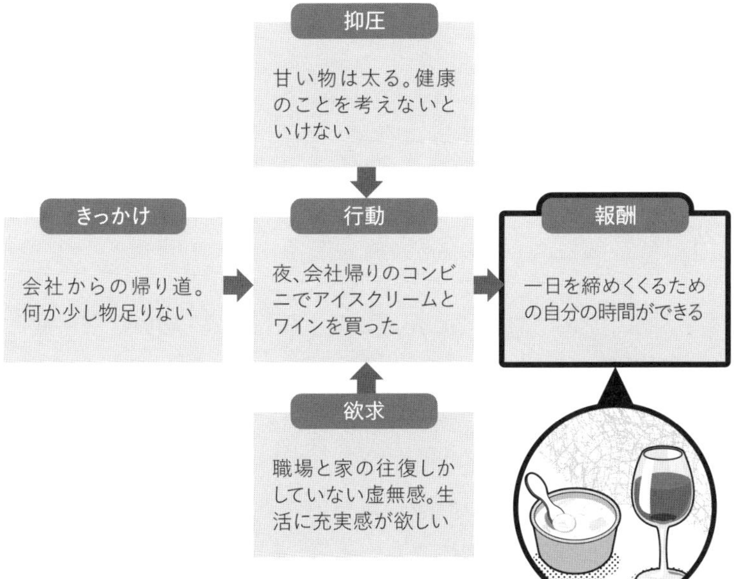

図表4-18　報酬

く」などは、そうしないと何かしら悪いことが起きるため、それを回避する（報酬）ための行動になります。

また、多くの行動はこれら両方の側面を持ちます。例えば、歯を磨くという行動は、虫歯や口臭を防ぐために「しなければいけない」側面もありますし、健康的な白い歯になる、リフレッシュできるといった、「そうしたいからそうする」という側面もあります。

報酬は、**行動をすることで顧客が獲得した「良い変化」**と言い換えることもできます。変化には**物理的な変化と心理的な変化**の2種類があります。物理的な変化というのは、「今まで続かなかったダイエットが続くようになる」「夜寝る前にスマホを見なくても自然に寝られるようになる」「新しいデバイスの使い方で迷わない」など、自分自身の進歩や、生活環境が改善するといった変化です。心理的な変化とは、「行動により幸福感や満足感、達成感、安心感が得られる」「承認欲求が満たされる」「不満が解消される」といった感情的、情緒的な変化のことです。物理的な変化に伴い心理的な変化が得られるというパターンが多いですが、心理的な変化だけのパターンもあります。

いずれにしても、**「良いことが起こる」もしくは「悪いことが起こらない」という報酬があるから、人間はそのように行動する**わけです。こうした視座に立つと、「未顧客の行動の先には何らかの報酬があり、それを得るために当該行動が起こっているのではないか」という仮説が成り立ちます。そして、その報酬を理解することができれば、「自社の特徴を生かしてその報酬を提供できないか」「その報酬を提供するブランドというポジションを築けないか」というように、市場を再定義したりブランドを再解釈したりする筋が見えてきます。

COLUMN

「サクセス薬用育毛トニック」のオルタネイトモデル

花王株式会社　林裕也 氏

花王のメンズケアブランド「サクセス」の育毛剤、「サクセス薬用育毛トニック」のマーケティング戦略設計を行った事例をご紹介します。「サクセス」は1987年から続くブランドですが、歴史が長いこともありユーザーの高齢化からエントリー層の取り込みに課題があり、2020年には顧客層の若返りを狙った大型リニューアルを行うなど、新たな顧客の獲得に向けた施策を行ってきました。

若年層の新規ユーザーが一時的に増えたものの、さらなるユーザー拡大と継続使用していただくためのメッセージ開発をする必要がありました。そこで、サクセス薬用育毛トニックの「継続利用者」「離脱者」「出戻り者」に顧客を分類し定性調査を行いました。具体的には、男性のヘアケアの中でも育毛についての意識と行動を把握し、今後のサクセス薬用育毛トニックのマーケティング戦略を構築する取り組みを行いました。

定性調査では、ヘアケアについての意識と行動、育毛トニックに興味をもったきっかけや期待と実感などを把握するために、顧客体験のナラティブを集めました。そして、ワークショップを行って顧客像の認識をチームで共有し、未使用者にどのような認識変化が起こると使用者になってくれるのか、戦略を組み立てていきました。

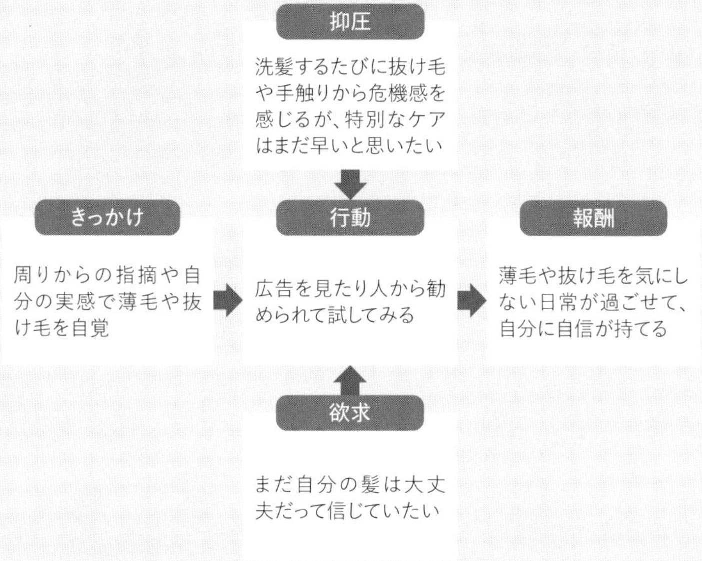

図　サクセス薬用育毛トニックの未顧客獲得戦略をオルタネイトモデルに当てはめたもの

調査を行って分かったのが、育毛トニックでケアすることは必要だと感じつつも、「自分にはまだ早い」と思って行動を起こすための一歩に抵抗があることと、継続するための意義を理解いただく必要があるということでした。これらの結果を踏まえ、「髪の成長期」を切り口としたメッセージを開発し、自らの可能性を肯定する寄り添う視点でコミュニケーション戦略を設計しました。そして、ＴＶＣＭ・ＰＲ施策・デジタル広告・メディアタイアップ・体験プロモーションなど各施策へ展開しながら、育毛トニックを使用することをポジティブな文脈で伝達していきました。以上のような方法で生活者の意識や行動をきちんと把握することで、メンバーそれぞれの思い込みを取り払い、コミュニケーション戦略の策定を実現できました。

4-4

未顧客への「提案の作り方」と「価値の伝え方」

原則4：「ブランドの特徴」×「未顧客にとっての報酬」＝文脈最適のベネフィット

新商品の開発プロジェクトでは必ずといってよいほど「**差別化**」の話が出てきます。「似たような競合ブランドがひしめき合っているから、高度に差別化された商品でないと新規獲得は難しい」「新しさがなければ受け入れてもらえない」という視点です。こうした視点を背景に、短いインターバルで新商品が次々に開発されますが、それらのすべてがヒットになるわけではありません。いわゆる千三つ（センミツ、新商品を1000出してもよく売れたと言えるのは3つ程度）の状態です。

未顧客の獲得には新商品開発が必須なのでしょうか？　また、差別化された商品を開発すれば新規顧客を獲得できるのでしょうか？　考えてみたいと思います。

差別化しても顧客基盤や全体の顧客数は変わらない

まず、未顧客獲得における差別化の有用性について考えてみましょう。差別化の意義としてよく挙げられるのが、「消費者のニーズは多様化しているから、高度に差別化された商品できめ細かな対応をする必要がある」というものです。消費者が多様化していることに疑いの余地はありませんが、差別化すると異なるニーズを持った顧客が集まってくるのでしょうか。

ここで、市場に出回っている商品は、「少なくとも企業視点では差別化されて販売されている」と仮定します。異なるターゲットの異なるニーズを解決するブランド、として売られているわけです。さて、もし本当にその差に引かれて異なる顧客が集まって来るのであれば、現在市場にある各ブランドの顧客プロファイルは大きく異なるはずです。

しかし、現実はそうはなっていません。第３章でも解説しましたが、**競合するブランド間の顧客構成比は非常に類似する**ことが知られています（Kennedy & Ehrenberg, 2001; Sharp, 2010）。自社と競合の間では多くの顧客が重複しており、どのブランドも似たような顧客構成になるということです。ということは、前提が間違っているのかもしれません。つまり、**差別化しても特定の顧客層だけが魅力を感じて買い始めたり、逆に差別化されてないからといって特定の顧客層からそっぽを向かれたりはしない**のではないか、ということです。

次に、浸透率への影響を考えてみます。一部の例外（COLUMN「多属性態度で選ばれる商材は差別化が重要」を参照してください）を除いて、**差別化を突き詰めても「顧客数」が大きく変わることはありません。**まず、ヘビーユーザーは差別化しなくても買いますし、差別化したからといって購入頻度や支出可能な金額が大きく変わるわけではありません。これも第３章で述べた通りです。

一方で、ノンユーザーやライトユーザーはそもそも差に気付きません。筆者はかつて、ある食品の官能調査に携わったことがあります。クライアント内部では「サクッとした歯応え」派と「カリッとした歯応え」派が対立しており、消費者が求めているのは果たしてどちらなのか答えを出す、という裏テーマがある調査でした。実際の食感ではありません。シズルイメージを伝える形容詞としてどちらが消費者にとって魅力的なのか、という話です。調査を実施して評価が高かった方の食感を訴求した広告を投下しましたが、売上は全く変わりませんでした。

納得のいかないクライアントは広告効果測定を実施しました。分析結果の要旨は次のようなものでした。ヘビーユーザーはサクッなのかカリッなのかをブランドに言われるまでもなく、自分の中にある食感イメージを基に購買していました。一方ライトユーザー層では、サクッとカリッの間に統計的に意味のある差は見つかりませんでした。つまり、未顧客にとってはどちらも同じと認識されていたわけです。その結果、既存顧客からの売上も未顧客からの売上も大きく変わらなかったということです。消費者は企業が思うほど細かい差に気付いていません。差別化ポイントに気付いている顧客は10%程度しかいないという報告もあります（Sharp, 2010）。

誤解のないように書き添えておくと、食感はもちろん重要な開発要件です。ただ、それがどんな形容詞で表現されるかは、未顧客にとって重要ではなかったということです。差別化を意識すると、企業の合理で競合と向き合うことになります。それは「**競合に対してどうか**」という視点です。しかし、未顧客が関心あるのは「**自分に対してどうか**」ということだけです。顧客にとっての価値を突き詰めていった結果、差別化されていくのは何の問題もありません。しかし、**差別化を目指したからといって、ただちにそれが顧客にとっての価値になるとは限りません。**

COLUMN

多属性態度で選ばれる商材は差別化が重要

いわゆる多属性態度*で選ばれるタイプの商材は差別化が重要です。家電やIT機器、専門分野で用いられる道具や機材、またB2Bのサービスなどはスペックや性能の違いがブランド選択に影響を与えます。しかしそうした商材であっても、未顧客の場合は差別化だけで買ってもらうのは厳しい場合もあります。

* 商品を複数の属性、視点で評価して、その重み付け合計点が最も高いブランドが選ばれる

例えば、久しぶりに大型家電を買い替えるとき、機能が進化し過ぎていてどれが良いのか分からず、結局以前使っていたブランドの最新型にした、もしくはセール対象になっていた1世代前のハイエンド機にしたというような経験はないでしょうか。無関心の状態からいきなり複数の機能を評価しないといけなくなるため、システム２でも処理できなくなり、システム１の判断に戻ったと考えられます。

未顧客にとって大事なのは、簡単かつ確実に報酬を得られること

競合と向き合うのではなく、顧客と向き合いましょう。仮に、顧客の中に次のような式があるとすると、企業は分子（「商品から得られる品質」）を大きくすることに傾倒し過ぎかもしれません。

「購買行動のコストパフォーマンス」
＝「商品から得られる品質」 ／ 「商品にたどり着くまでのコスト」

前述のような、消費者にとって知覚できない差の追求は、まさにそれを象徴しています。こうした差別化偏重の背景には、「どうやって競合と戦いシェアを伸ばしていくのか」というストーリー作りの難しさが挙げられると思います。差別化はある意味、「戦略的なことをやっている感」を醸し出しやすい言葉とも言えます。「競合はこうだからウチはこうする」という理屈が立つので、社内的に分かりやすく稟議も通しやすいわけです。何よりメーカーの使命はモノ作りですから、商品を進化させていくことに正面切って反対する人はあまりいないでしょう。

しかし未顧客は、その場で思い付いたブランドの中から、最も簡単に手に入れられるもので済ませます。こうした傾向は一般的に「**利用可能性ヒューリスティクス**」として知られています（Tversky and Kahneman, 1973）。この視座に立つと、先ほどの式の分母（商品にたどり着くまでのコスト）の重要性がうかがわれます。コストと言っても価格だけの話ではありません。どこで買えるか、どんな種類があるのか、どういうときに使うのか、どんな体験が得られるのかなど、処理する情報が増えるほど未顧客にとっては負担になります。お分かりかと思いますが、差別化するほど未顧客に処理させる情報は増えます。

一度原点に立ち戻ってみましょう。そもそも**ブランドの役割は消費者に「考えさせない」こと**です（Binet, & Carter, 2018）。なぜこのブランドを買うべきか、他と比べてどこが優れているのかといった情報収集、理解、比較や検討などのプロセス（コスト）を省略し、「こういうときはこれ」と選ばれるからこそ「ブランド」なのです。であれば、知覚できない差別化や競合のまねごとをするのではなく、いかに「自社ブランドから文脈に適した報酬が得られる」と思ってもらうかを突き詰めるべきです。

こうした考え方を「**メンタルアベイラビリティ**」「**フィジカルアベイラビリティ**」と呼びます（Sharp, 2010; Romaniuk & Sharp, 2022）。消費者の生活の中にはさまざまなCEPがあり、それらのCEPでブランドが想起されるかどうか（メンタルアベイラビリティ）、そのときに簡単に手に入るかどうか（フィジカルアベイラビリティ）が重要だという考え方です。簡単に言えば、記憶に残って手に入りやすいものが選ばれるということです。こう書くと「何だ、そんな当たり前のことか」と思われるかもしれませんが、狙ってその状態を作るには、それなりのプランが必要です。ここからはその基礎となる考え方を解説していきます。

「強みを生かす」とは、ブランドと生活文脈を結び付けること

未顧客に対するマーケティングの本質は、商品を理解してもらうコミュニケーションではありません。日々の生活や行動とブランドの結び付きを強める「**認知的なトレーニング**」です。商品の新しさや今までとの違いをゼロベースで覚えてもらうことではなく、既に未顧客の中にある記憶とブランドをひも付け、ブランド連想をアップデートすることが焦点になります。繰り返しになりますが、未顧客に対してはブランドと結び付いたCEPを多く作り出すことが何より重要です。

例えば、周りの人に「外出先で喉が渇いたときに何を飲みますか？」と聞いてみてください。お茶と水を筆頭にいくつかのブランド名が挙がると思います。では次に、「風邪などで熱が出てしんどいときに何を飲みますか？」と聞いてみてください。恐らくポカリスエットが多く挙げられると思います。熱が出てしんどいというCEPにはポカリスエットが強く結び付いている、すなわち選ばれやすいということです。

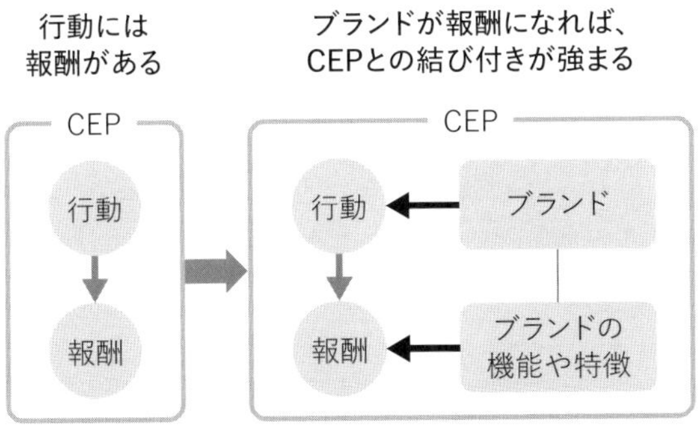

図表4-19　ブランドを購買することが報酬を得ることと同義になる

この結び付きを生み出すには、ブランドの特徴や機能を「行動の報酬」になるように再解釈するのが効果的です。原則3で「行動には何かしらの報酬がある、報酬があるから行動が起きる」という話をしました。つまり、購買のきっかけとなるCEPで未顧客が取っている行動や活動にも、何らかの報酬があるわけです。ということは、「その報酬がこのブランドから得られる」という認識が形成されれば、未顧客の中でブランドとCEPが結び付きます。つまり、ブランドを購買することが報酬を得ることと同義になるわけです（**図表4-19**）。

ここで大切なのは、「ブランドの機能や特徴がどう報酬になるのか」が明確に伝わることです。ユニークな特徴や差別化された機能があるだけでは十分とは言えません。それらを未顧客にとっての報酬に再解釈することで「ブランドがどんな良い体験を生み出すのか」を伝える必要があります。そこで、**「ブランドの特徴」と「未顧客にとっての報酬」を組み合わせて、未顧客が置かれた文脈に適した「ベネフィット」を作ってみましょう**。ベネフィットは、顧客がブランドから得られる良いことを端的に言い表した語句または文で、広告開発や商品開発の指針になります。

文脈とブランドを結び付ける「ベネフィットの作り方」

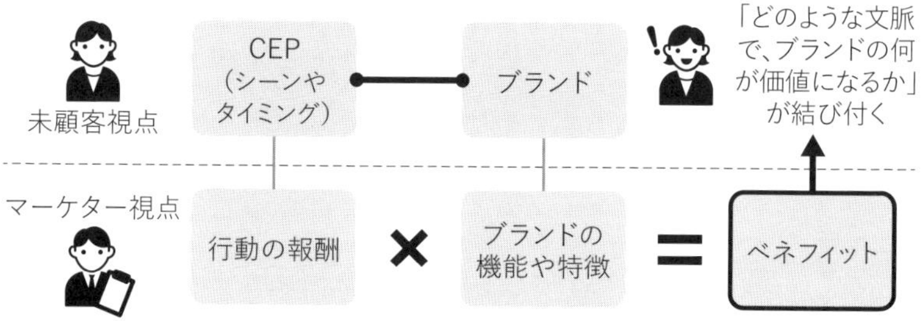

ポイント CEPとブランドの結び付きを強めるためには、CEPの文脈における報酬とブランドの特徴を掛け算して、ベネフィットを作るのが効果的

図表4-20　ベネフィットの作り方

ブランドは1つですが、ベネフィットは1つではありません。原則1でお話ししたように、ブランドがどう役に立つか、どこに価値を感じるかは主観的なものなので、未顧客の置かれた文脈により変わってきます。従って、文脈における未顧客の合理を理解して、ブランドの特徴が報酬になるように翻訳することが大切です（**図表4-20**）。

第2章のチーズケーキの例でおさらいしておきましょう。登場人物のエピソードには「一日の終わり」や「平日を締めくくる」といった、「今日を終わらせる」という意味合いの言葉が出てきました。「職場と家の往復だけの毎日」という背景を併せて考えると、今日がいつ終わり明日がいつ始まっているのか、そんな繰り返しがいつまで続くのか、自分の中で分からなくなっているのではないでしょうか。帰宅して一応夕食や睡眠も取るけれども、ビジネスモードの臨戦態勢が解けないままで、日々の境界線が曖昧になっているのかもしれません。

そう考えると、夜、仕事帰りにワインや甘い物を買うというのは、一日をちゃんと終わらせるための儀式のような意味があるのでしょう。仕事で感じる緊張やストレスにいったん区切りをつけて、生活の秩序を守るための行動です。このように洞察を進めると、例えば次のようなメッセージが心理的な報酬になりそうです。

- **今日が終わらないと、明日は始まらない**
- **いい日もそうでない日もあるけど、全部抱えたままでは前に進めない**
- **明日のことを考える前に、今日をちゃんと終わらせてあげよう**
- **明日をいい1日にするために、まず今日を締めくくろう**

一方、ブランドの特徴は「糖質オフで甘さ控えめ」「3種類のナチュラルチーズを使用」というものでした。上記のような心理的報酬は、後者の特徴と相性が良さそうです（図表4-21）。

「ブランドの特徴」×「未顧客にとっての報酬」＝文脈に適したベネフィット

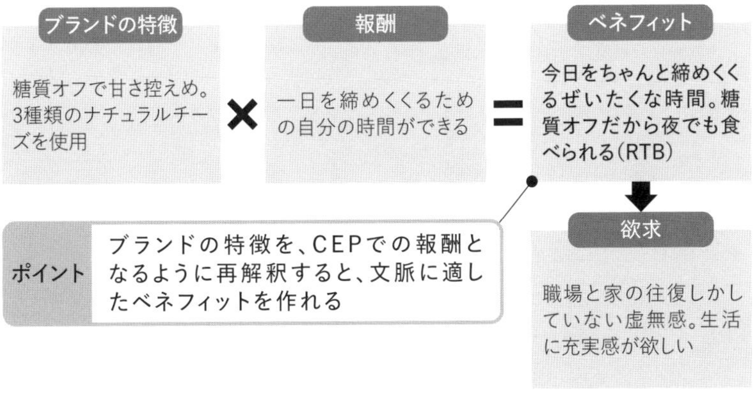

図表4-21　文脈に適したベネフィット

このように、**ブランドと報酬が結び付いている状態が「強みを生かせている」状態**です。機能や特徴があるだけでは強みとは言えません。特定のシーンやタイミングで報酬になる、という連想が未顧客の中に生まれて初めて購買トリガーになり、購買に寄与する強みになります。こうしたCEPとブランドの結び付け方・強め方のバリエーションついては、第５章でいくつかの事例を見ながら掘り下げていきたいと思います。

一貫性と独自性

マーケティングではよく、**一貫性や独自性**が大事といわれます。このことについて少し考えてみたいと思います。原則1で、未顧客の文脈に対してブランドを最適な角度で切り出すことが重要という話をしました。ブランドのどんな側面（特徴）をベネフィットとして伝えるのか、それが未顧客の文脈と合致するかどうかで価値が決まるからです。先のチーズケーキの例では、「3種類のナチュラルチーズを使用」という特徴を切り出してベネフィットを作りましたが、もし「糖質オフで甘さ控えめ」という特徴を切り出していたら、どうでしょうか。

特徴

糖質オフで甘さ控えめ

報酬

今日をちゃんと締めくくる時間、充実感

間違ってはいませんが、少し違和感がないでしょうか。ターゲットにしている夜の文脈は、いわゆるご褒美文脈です。つまり、甘さや糖分がむしろ価値になる文脈です。そこに「糖質オフで甘さ控えめ」を切り出しても、報酬として少し弱く感じられます。ターゲット文脈に対して、ブランドの何が価値になるのかという見極めは非常に大切です。商品開発と広告コミュニケーションで意思疎通が取れていないと、商品と広告の訴求中心がズレます。そうすると、ブランドとしての一貫性が失われ、せっかく作ろうとしているCEPとの結び付きが弱まります。

また、**一度決めたベネフィットを言い続けるという一貫性**も必要です。ブランドと文脈の結び付きは一朝一夕で出来上がるものではありません（大量の広告を集中投下して、短期間で一気にCEPと結び付けてしまうという手法もあるにはあります）。最初に言い出したのは自分たちなのに、後から市場参入してきた競合が同じことを言い出し、気付いたら競合ブランドの代名詞として定着してしまった、というのはよくある話です。それを防ぐには、一度決めたベネフィットを言い続けることが大切です。一貫して言い続けることで顧客の中に認知的なショートカットが生まれ、ブランドの独自性として記憶されていくからです。

また、一目でそのブランドと分かる独自の特徴、例えばブランドロゴ、キャラクター、タレント、サウンド、配色や書体、タグラインなどはブランドの想起や認識に役立ちます。このような、ブランドを容易に識別可能にする特徴を「**独自のブランド資産**」と言います（Romaniuk & Sharp, 2022）。例えば、Appleのリンゴのマーク、ソフトバンクの白戸家、コカ・コーラのフォント、ファミリーマートの入店音などは、すぐにブランドが思い浮かびますよね。ベネフィットは報酬を言語化することでブランドと文脈を結び付けるわけですが、こうした独自のブランド資産は非言語的な部分での連想を強化する役割を果たします。こうした独自の資産も、複数のCEPで一貫して使い続けることが重要です。

ただし、一発屋的に奇抜なことをすればいいということではありませんし、パッケージやコピー、タレントなどをすぐに変えてしまうとブランドの世界観として定着しませんから、長期的に管理していくことが必要です。

COLUMN

消費者心理に寄り添うコミュニケーション設計

株式会社東急エージェンシー　大倉新也 氏

コミュニケーション戦略・戦術を設計するにはベネフィットの策定が重要です。ベネフィット自体は「こんな気分になれる」「こんな自分になれる」など、英語でいうcanで考えると考えやすいものですが、ベネフィットやブランドの特徴をただ訴えるだけの広告をつくっても成功しません。

成功のためには、「顧客が見ている世界を理解すること」、場合によっては「顧客が見ている（見たい）世界を描き出す」ことがとても大切です。そして、そのためには「行動することで得られる報酬（私たちはリウォードと呼んでいます）」や、「行動の裏にある欲求（またはインサイト）」を探り当てるための“問いを磨き込んで”これらをあぶり出し、ブランドの特徴と掛け合わせる、というアプローチは有効です。また、どんな場面やタイミングでこそ魅力的に映るか？という「訴求機会」や「訴求場面」の検討もメディアの多様化に伴ってますます重要性が高まっており、これも考え抜きます。こうして初めて「顧客が見たい世界を描き出し」「よきタイミングで届ける」ための設計図を描くことができます。

4-5

未顧客を動かす「打ち手の考え方」と「施策の進め方」

原則5：モノの売り方ではなく、モノが使われる行動の増やし方を考える

いよいよ最後の原則５になります。前半では、未顧客を調査・分析する際に留意すべき落とし穴と、主流のマーケティングで一般的に行われている「理由→行動」型の施策が未顧客には不向きである理由を解説します。後半では、行動随伴性という考え方に基づき、未顧客への訴求力の高い「行動→理由」型の施策を設計する方法を解説します。

近年、さまざまなビジネス領域においてデータの利活用が急速に進んでいます。今までデータ分析とはかけ離れたところにいたビジネスパーソンがデータに触れる機会も増え、“データドリブン”や“エビデンス”が求められる場面も多くなったのではないでしょうか。それに伴い、「データを見れば顧客を理解したことになる」と思い込んでしまう方も残念ながら増えている印象です。

データを理解することと、顧客を理解することは異なります。テクノロジーの進歩により、さまざまなデータや統計指標が簡単に手に入るようになりましたが、それらの数値や指標が簡単に理解できるようになったわけではありません。また、数値を理解しただけで、顧客が理解できるようになるわけでもありません。そもそも統計学や因果推論の基本を知らないまま、比率や平均、相関だけを見て直感的な結論を出すのは危険です。特に未顧客理解においては、従来のマーケティングの常識や

マーケターの思い込みにより、原因と結果の取り違え、因果関係の読み間違いがとても多く起きます。

未顧客理解は課題解決ではない

何か問題が起こったとき、人は理由を求めます。問題の原因を見つけて解決したいからです。特にビジネスでは「**課題解決**」という構図で物事を捉えることが推奨されています。多くのコンサルタントが「顧客の課題を解決しなさい」と言いますし、ビジネス書には「WHY（なぜか）を考えることが大切である」と書かれています。その結果、多くのビジネスパーソンが「問題には必ず原因や理由があるはず」「それを突き止めて解決すればよい」と考えています。

それ故に、非購買に対しても「何か理由があるはずだ」という見方をされる方が多いのですが、未顧客理解ではそのパラダイムを変える必要があります。なぜなら**未顧客理解は、ノンユーザーやライトユーザーの満たされていないニーズを探し出して充足するといった「課題解決型」の話ではないからです。そもそも、無関心や非興味に理由や原因は存在しません**。関心がない、興味がないというのは意識の外にあるということです。そこに原因も理由もありません。

ですので、あなたのブランドに無関心の人がいても、それは「ブランドがその人の課題を解決できないから興味を持ってもらえない」ということではありません。同様に、その人の未解決の課題を見つけ出して解決すればブランドに興味を持ってもらえるわけでもありません。**未顧客理解において「なぜ興味がないのか」を考えても意味がない**のです。

それでも、インタビューやアンケートを実施すれば、何かしら非購買の原因や興味がない理由“らしき回答”は得られます。しかし、それを真に受けて施策を作ると失敗します。それらは「**何か理由があるはずだ」というマーケターの思い込みと、「言動に一貫性を持たせたい」という顧客の心理が作り出した幻**だからです。

「選択盲」という落とし穴

顧客へのインタビューやアンケートでは、「なぜ購買したのか」「なぜブランドを選んだのか」「どこが好きなのか」といった質問をすることがあると思いますが、選択の前には必ず理由があるのでしょうか。人はそれを正しく答えられるのでしょうか。

これに関して、興味深い心理学の実験があります（Johansson et al., 2005）。被験者は２枚の顔写真を見せられて、インタビュアーにどちらが好みに近いかを聞かれます。「自分の好みに近い」と指し示した方の顔写真が被験者の手元に配られ、「どこが好みなのか」を聞かれます。それを繰り返していくのですが、時折り被験者が指し示した方とは逆の顔写真が配られます。つまり自分のタイプではない方の顔写真が配られ、「どこがタイプか」と聞かれている状況です。普通なら答えられないだろうと思うところですが、実験の結果は真逆でした。すり替えに気付いたのは3分の1以下で、実験に参加した過半数の人が、「自分が選んでいない方の顔写真がタイプである理由」を淀みなく答えました。

こうした実験は「**選択盲（Choice blindness）**」と呼ばれ、人は自分の行動や選択に合わせて理由を後付けすること、そしてそのことに本人も違和感を抱いていないことを示しています。こうした傾向は、インタビューやアンケートでも見受けられます。選択盲の影響をコントロールするには、「なぜこのブランドを買ったのか」、もしくは「なぜこのブランドは買わないのか」と理由を直接的に聞くのではなく、原則３で解説したように、商品を使うときの前後関係を事実ベースで収集し、その裏にある顧客の合理を推測しながらインサイトに近づいていくという分析姿勢が求められます。

「理由→行動」ではなく「行動→理由」

データを扱う際に特に気を付けなければいけないのが、「因果の向き」です。例えば我々は、顧客の購買行動を考察する際、「理由があって行動があるのだろう」という視点で考えます。ブランドＡが購買されたというデータを見たら、「きっとこの人は、何かブランドＡを好きな理由があって買ったのだろう」と思うわけです。

マーケターの合理

ブランドＡが好き（理由）→ブランドＡを買う（行動）

しかし、**未顧客の合理は逆向き**になります。ブランドＡが好きだから買ったのではなく、「自分が買ったブランドだから、好き」なのです。このように、自分の行動と辻つまが合うように認識を調整する性質のことを**認知的斉合性**と言います。例えば、新車を買った後に、最後まで比較検討して結局見送った方の車種と公道で出合いたくはないものです。「やっぱりあっちにしとけば良かったかも」という思いがよぎり、精神衛生上よろしくありません。万が一見てしまったら「いやもう若くないのだし、環境に優しい車にして正解だよ」とか「ブラックは傷が目立つから、ホワイトの方が長い目で見れば後悔が少ないはず」などと、自分の選択を正当化する理由を探すでしょう。

未顧客の合理
自分が買ったブランドＡ（行動）→だからブランドＡが好き（理由）

　未顧客はブランドに無関心な人たちです。「理由があって行動する」ことはほとんどありません。しかし多くの方が、因果の向きを勘違いしたままデータを扱っています。チーズケーキの例で考えてみましょう。20代から40代のビジネスパーソンにアンケートを実施し、「あなたはどういうときにチーズケーキを買いますか？」と聞いたところ、「明日も頑張ろうと思うとき」という回答が多かったとしましょう。その結果を見て、「なるほど、明日も頑張ろうというときにチーズケーキが買われやすいのか！」と額面通りに解釈し、「明日を頑張るビジネスパーソンのためのチーズケーキ」というキャッチコピーで売ったとしても、期待したほどは売れないと思います。なぜ売れないのか分かりますか？（コピーの質が低い以外で）

　このとき、マーケターは**図表4-22**のように、理由があって行動するという因果関係を想定しています。

一見すると、理由が行動を生んでいるように見える

図表4-22　マーケターが想定している因果関係

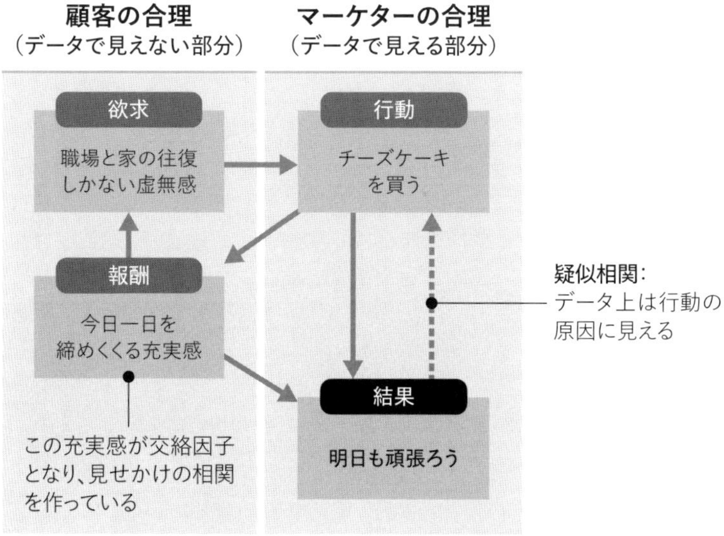

図表4-23　未顧客の合理（マーケターの合理との比較）

しかし、未顧客の合理は逆です。「今日もまた職場と家の往復か。さえない毎日だな」というきっかけがあって、「せめてチーズケーキでも買うか」という行動が起こり、その結果「また明日も頑張ろう」という気持ちが生まれるわけです。「明日も頑張ろう」というのは行動の結果です。チーズケーキを買う前は明日も頑張りたいなどと思っていませんし、頑張るためにチーズケーキを買うわけでもありません。この人がチーズケーキを買う本当のトリガーは、「今日もまた職場と家の往復か。さえない毎日だな」という文脈の方です。ですので、「また明日も頑張ろう」ではだめなのです。(**図表4-23**)。

これは**交絡因子**に惑わされている典型的な状況です。交絡因子というのは、原因と結果の両方に影響を与える第三の変数のことです。チーズケーキの場合では裏に「報酬（充実感）」という交絡因子があり、それが「明日も頑張ろう」と購買の間に見せかけの相関を生んでいます。チーズケーキの購買と充実感の間には「チーズケーキを食べると報酬（充実感）が得られる、だからまたチーズケーキを買い求める」という循環が起こっています。その一方で、充実感を得れば明日も頑張ろうという気持ちにもなるため、データ上は「チーズケーキの購買」と「明日も頑張ろう」は相関します。しかし、この相関は「今日一日を締めくくる充実感」という報酬があって初めて成り立つ見せかけの相関ですので、単に「明日も頑張ろう」と言っても響かないわけです。

このように、未顧客の合理を考えずデータの表面だけを見ていると、落とし穴にはまります。相関の大きさや集計の比率を額面通りに受け取って、「顧客がこう言っているから」「データはこうなっているから」と思い込むのは一種の思考停止です。むしろ、**インサイトは交絡部分にあることの方が多い**ですから、そうした指標を足掛かりに、データの裏にある未顧客の合理は何か、交絡要因になっている文脈があるのではないかと掘り下げていくことが真の理解につながります。

原因と結果の取り違えを防ぐための視点

未顧客に関しては、普段当たり前と思っている因果関係にも注意が必要です。**ブランドイメージ**を例に考えてみましょう。通常我々は、ブランドイメージを向上させると購買されやすい、つまりブランドイメージが「原因」で、購買が「結果」という因果関係で考えることが多いと思います。

マーケターの合理

ブランドイメージ→購買（売上、シェア）

プロダクト評価や競合調査、広告効果測定なども大体はこの因果の向きを前提に組まれていて、「信頼できる」や「リラックス感がある」のような項目でブランドイメージを測定し、広告の売上に対する効果や競合ブランドとの比較が行われます。そうしたデータから購買に寄与するイメージを特定し、そのイメージを高めるための広告コミュニケーションやクリエイティブを開発するわけですが、未顧客理解ではこの因果の向きを疑ってみる必要があります。

ブランドイメージはエクイティ、つまりブランドの価値に影響するといわれています（Aaker, 1991; Keller, 1993）。では購買行動に対してはどうかというと、**「ブランドイメージ向上が購買行動につながる」のではなく、「購買した（使用した）ことがイメージを良くしている」**と考える研究が多数あります。

未顧客の合理

購買（売上、シェア）→ブランドイメージ

例えば、ブランドに対する肯定的な連想を持つ人の割合は、現在の購買層の中で最も高くなり、非購買層では最も低くなるという傾向がさまざまな商材で確認されています（Bird et al., 1970; Romaniuk et al., 2012）。また、売上やシェアが大きなブランドになるほど、どんなイメージを測定しても高いスコアが返ってきやすくなります（Sharp, 2010）。

こうした説によると、シェアや浸透率が増えればブランドイメージは自然に向上しますが、ブランドイメージを向上させたからといって未顧客が買うようになるわけではなく、またシェアや売上が増えるわけでもありません。より実務に即した表現をするなら、**ファンやヘビーユーザーがブランドに感じている魅力をそのまま伝えても、ノンユーザーやライトユーザーが動くわけではない**ということです。

筆者の経験上、こうした傾向は消費財から耐久財まで幅広く見られます。例えば、ブランドイメージをファンやヘビーユーザーで集計すると、そのブランドの特徴を色濃く表すイメージ項目だけではなく、ほぼすべてのイメージ項目のスコアが高くなり、購買意向との間に正の相関を示します。しかし、分析対象を未顧客に絞る、もしくは直近の購買や利用経験を条件付きにすると、ヘビーユーザー層では有意だった相関が非有意、もしくは極めて小さくなります。手持ちのデータがあればぜひ検証してみてください。**未顧客に絞っても、直近の購買や利用経験を与件にしても、相関が消失しない要因を見つけることができれば、本当に有力なKBF（購買決定要因）候補になります。**

「好きになる」文脈と「好きでい続ける」文脈は別モノ

現在は「ファンを大事にしよう」「ロイヤルカスタマーを育成しよう」というマーケティングがはやっています。しかし、ファンに向けたマーケティングを未顧客に適用する際には注意が必要です。時々、「ファンを大事にしていれば勝手に新規顧客を連れてきてくれる」と思い込んでいる方にお会いすることがあります。常連客だけで回している会員制の飲食店などであれば成り立つのかもしれませんが、一般のBtoCメーカーや事業会社ではそうはなりません。

SNSでブランドをフォローしてくれたり、肯定的なコメントや動画を投稿したり、ブランドが開催するイベントやコミュニティに積極的に参加したりする人を「ファン」と呼ぶとすれば、彼・彼女らは、もともとブランドが好きでロイヤルティも高い人たちです。だからこそSNSもフォローもするし、コミュニティにも参加するわけです。

ファンの合理
ブランドが好きで購買する→SNSやファンコミュニティ

それを見ているマーケターは、ファンの期待に応えたい、もっと好きになってもらいたいと思い、SNSの強化やファンイベントなどを実施します。ここまではマーケターの合理とファンの合理は合致しています。相互に有益な関係です。

マーケターの合理
SNSやファンコミュニティを強化→ファンがもっとブランドを好きになってくれる

ファンの合理
もっとブランドを好きになる→さらにSNSやコミュニティに参加

ここで、一部のマーケターは「SNSのエンゲージメントを強化し、イベントやコミュニティを拡大していけば、ノンユーザーやライトユーザーもファンになってくれるのではないか」とさらに期待するようになります。

マーケターの合理

SNSやファンコミュニティ強化→未顧客もブランドを好きになってくれるのでは？

しかし、そうはなりません。ファンの間では「ブランドが好き→だからブランドを買う」が成り立ちますが、未顧客では成り立たないからです。**「ある変数間の相関が高くなるのが当たり前の集団」からデータを集めて相関が高いことを確認しても、それ以外の集団に外挿できる（当てはまる）因果関係を証明したことにはなりません。**ファンはもともとブランドが好きな人たちですから、ファンへアンケートを実施し、「コミュニティやイベントなどの施策（ファン施策）に魅力を感じたか」「それらの施策が購買につながったか」と聞けば、肯定的な答えが返ってくるでしょう。しかしそれをもって、「ファン施策」が未顧客に対しても効果があると言うことはできません。例えば、釣りが好きな人ほど天気予報には敏感になるでしょうが、天気予報を見たからといって、釣りに興味がない人が釣りを始めたりはしないですよね。

これは「**ロッサー・リーブスの誤《ご》謬《びゅう》**（Rosser Reeves Fallacy）」と呼ばれ、半世紀以上前から知られている間違いです。大事なことなのでもう少し詳しく説明しましょう。**図表4-24**を見てください。ファンの合理には「ブランドが好き」という交絡因子が存在するため「ファン施策→ブランド購入」が成立します。このとき、データとして残るのは「ファン施策→ブランド購入」という事実だけです。そこだけを切り取ると、未顧客にも「ファン施策→ブランド購入」が通用するかのように見えますが、未顧客の合理には「ブランドが好き」が存在しないので、バックドアの経路がありません。その結果、「ファン施策→ブランド購入」の

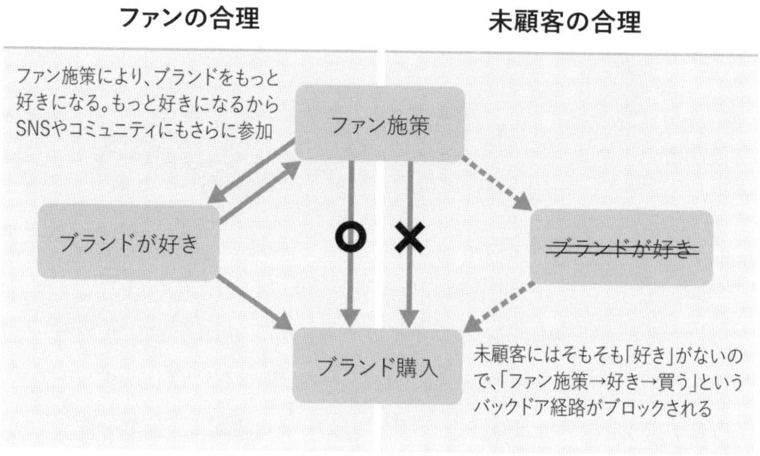

図表4-24　ロッサー・リーブスの誤謬を示すファンの合理と未顧客の合理

相関は消失する、つまり未顧客には効果がなくなるわけです。

ファンであるほどブランドの広告に気付きやすいものですが、同様のことは、マーケターにも言えるのではないでしょうか。SNSで肯定的なコメントや動画を投稿する熱狂的なファンであるほど、マーケターの目に留まりやすいため、あたかも顧客全体の代弁者であるかのように思えてきます。けれども、第１章や第３章で解説した負の二項分布を思い出してほしいのですが、市場の大部分は未顧客です。そしてここまで述べてきた通り、ファンの目線と未顧客の目線は大きく異なります。

先の誤謬の代名詞となっているロッサー・リーブスは、USP（Unique Selling Proposition）という重要な概念を提唱した練達のアドマンでもありました。我々も、どういう目的に対して何がワークして何がワークしないのか、手段の適性を冷静な目で見極めることが大切です。

COLUMN

「手法」ではなく「顧客」を見よう

一般的に、大学や書籍、セミナーなどでしっかり学ばれてきた方ほど、「X（理由）をすればY（購買行動）が起こる」という“型”でマーケティングを考える傾向が強いと思います。なぜならそうした本や授業に登場する話は、大なり小なり「理由→行動」というロジックが前提になっているからです。

理由→行動型のロジック例

・ブランドを好きになってもらい、購買してもらう
・競合との違いを理解してもらって、購買してもらう
・顧客とのリレーションを深め、購買してもらう
・ブランドロイヤルティを高めて、購買してもらう
・企業のビジョンへの共感を高めて、購買してもらう
・SDGsを推進している企業であることを伝えて、購買してもらう
・ブランドイメージや信頼感を向上させて、購買してもらう

毎年のように生まれてくる新しいマーケティング手法やビジネスソリューションも「X（施策）をすればY（売上）が増える」という型になっていますね。「Xが原因、Yが結果」と言われると何だか“科学的な感じ”がしますが、有名な理論だから正しい、みんなが使っている手法だから効果が立証されている、というわけではありません。

そもそも効果を**同定**（本当に効果があると証明する）するには、ランダムに分けた集団間で効果を比較する「**RCT（ランダム化比較試**

験）」を実施することが基本になります。RCTは、2019年のノーベル経済学賞に選ばれた貧困問題に取り組むプロジェクトで注目が集まったので、聞いたことのある方もいるでしょう。マーケティングでは完全なRCTを実施することが難しいので、統計モデルを使って因果関係を探索したり、RCTに近いデータになるようにデータを補正したりする必要があります。要は、時間もお金もかかるということです。こうした背景もあって、「XがYにつながってほしい」というマーケターの期待や、コンサルタントの営業ピッチ以上のエビデンスがない手法も少なからず存在します。

ここまで見てきたように、ノンユーザーやライトユーザーの獲得は、我々が期待するほどきれいな因果関係が成立する世界ではありません。はやっているから、他のマーケターが実践しているからといって、自分のブランドでやってみたら「XをしてもYは変わらなかった」ということは往々にして起こります。手法ではなく、顧客と向き合いましょう。

「考え方を変えて行動を変える」ではなく「行動を直接変える」

少し見方を変えてみましょう。極論すれば、商売としては買ってもらえればそれで十分であり、なぜ買うかという理由にまで企業が介入する必要はないでしょう。大事なのは購買する、利用するという「ブランドにとって望ましい行動」が増えることです。従って「**どうすれば好きになってもらえて、かつ行動も増えるか」と間接的に考えるのではなく、「どうすればブランドを利用するという行動が増えるか」を直接考えてみましょう**。

行動が報酬を生み、報酬が理由になって次の行動を生む

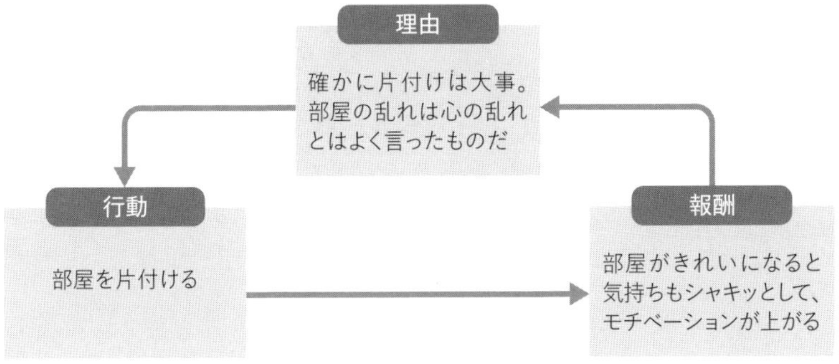

図表4-25　「部屋の乱れは心の乱れ」を示した図

皆さんは「部屋を掃除したりデスク周りをきれいにしたりすると、何だか気持ちもシャキッとし、思考がクリアになった」という経験はないでしょうか。よく「部屋の乱れは心の乱れ」と言いますが、これは、部屋が汚れているときにはあまり実感できず、むしろ実感できるのは掃除した後ではないでしょうか。部屋がきれいだと気分がいいので（行動の結果）、しばらくの間はごみをすぐ片付けたり、読んだ本や書類を置きっ放しにせずに整理したりするようになる（次の行動）と思います。そのとき、「確かに部屋の片付けは大事だな、部屋の乱れは心の乱れとはよく言ったものだ」と実感するわけです。この様子を表したのが**図表4-25**です。

「行動が報酬を生み、その報酬に理由が後付けされて、次の行動を生む」という**フィードバックループ**になっていることが分かると思います。このループを経ることで行動と理由の結び付きが強化され、本人にも自覚されやすくなります。ですので、この人に「なぜ掃除をするのか？」と聞けば、「部屋の乱れは心の乱れだから」という趣旨の回答が返ってくるでしょう。**本節の冒頭で「消費者は後付けで理由を作る」という話をしましたが、その背景にはこのようなループ構造がある**わけです。

逆に、**このループを利用して行動変容を促したり、強化したりする**こともできます。ここで、英国ロンドンのごみリサイクルを活発化させる「One bin is rubbish」というキャンペーンを紹介しましょう。

もし皆さんが、ごみのリサイクルを促す広告を考えてほしいと言われたら、どんな施策を考えますか。例えば、生物への影響や環境被害の深刻さを説いて、「今、自分たちにできることから始めよう」といったメッセージを思い付くかもしれません。環境意識を高めることでリサイクルをしてもらおうという図式ですね（**図表4-26**）。

ロンドンで採用された案は、「なぜリサイクルすべきか」を説得するのではなく、「どうしたら家のごみ箱周辺がきれいになるか」に着目したキャンペーンです。ごみ箱が1つしかないと、入り切らないビンや缶、小分けのごみなどが周辺にたまっていきます。それならごみ箱をもう1つ置けばいいわけです。つまり「One bin is rubbish（ごみ箱はすぐあふれる）」とは、「だから、もう1つごみ箱を置こう」という行動を促すメッ

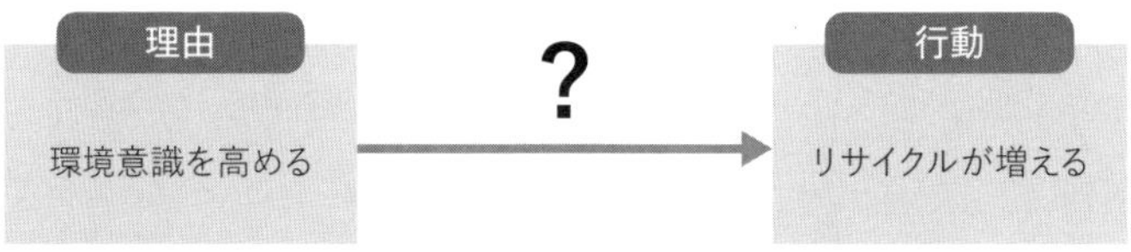

図表4-26　環境意識を高めるとリサイクルが増える？

セージなのです（Sutherland, 2019 金井訳, 2021）。

このメッセージが秀逸なのは、考え方や価値観を変えて行動を変えるというやり方ではなく、**行動が起きやすい状況を作り出すこと**にフォーカスした点です。理由を説明して行動してもらうという視点だと、「環境や生き物を守るためにごみを分別しよう」「環境への責任があるからリサイクルすべき」というメッセージになります。しかし、行動の理由に納得してもらい、かつ行動も起こしてもらうというのは２段階の行動変容になります。

それに対して「もう１つごみ箱を置こう」というのはシンプルです。ごみ箱が２つあれば人は自然と分別するようになります。その結果、友人や近所の人に見られても恥ずかしくないという報酬が得られます（**図表4-27**）。それが次のリサイクルにつながります。つまり、ごみ箱をもう１つ増やすことが、行動経済学でいう「ナッジ」になっているわけです。

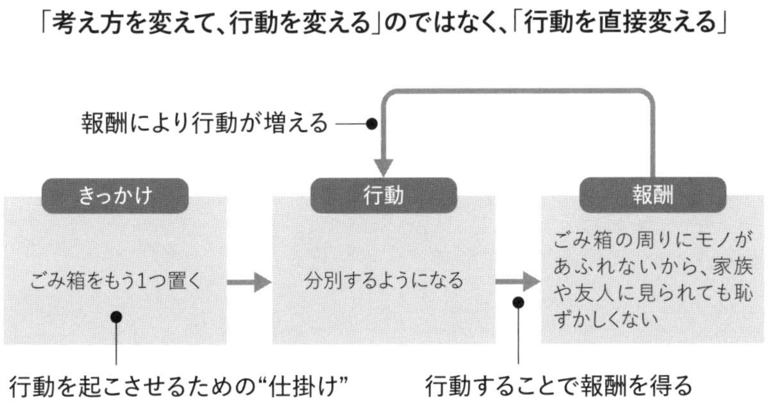

図表4-27　ごみ箱をもう１つ置くことで、行動を直接変える

利用行動を増やすという視点で施策を考える

無関心の人に行動してもらいたいのであれば、「説得して動かす」や「共感で動かす」という姿勢ではなく、**既に未顧客の中で確立されている行動や習慣にブランドの方から「寄り添いに行く」という姿勢が必要**です。顧客を“変えて”買ってもらおうとするのではなく、顧客は“変わらない”という前提の下、その変わらない習慣や行動を1つ選んで徹底的にブランドの同質化を図るわけです。このとき、ポイントとなるのが

(1) その行動は、未顧客にとって「何の一部」なのか。どんなゴールに向かった行動なのか
(2) どうすればその行動が増えるのか

の2つに焦点を合わせて施策を考えることです。当然、企業としてはブランドを買う、使うといった行動が増えることが望ましいわけですが、そうした行動は企業にとってはゴールであっても、顧客にとってはゴールではありません。顧客のゴールは常に「自分自身や生活が良くなること」であり、ブランドはそのための手段として購買されます。ですから、その購買を促進する施策も同様に、顧客のゴールに貢献するものであるべきです（**図表4-28**）。

まずは、顧客の視点で顧客のゴールを見定めましょう。先のリサイクルの例で言うと、もし「地球環境を良くすること」がゴールになるなら、「地球や生き物を守ろう」というメッセージで十分にリサイクル行動を喚起できるはずです。しかし「地球環境を良くする」と言われても、大半の人にとっては壮大過ぎて、自分のゴールとしては捉えられないので

施策が顧客の生活ゴールに貢献することで、購買を後押しする

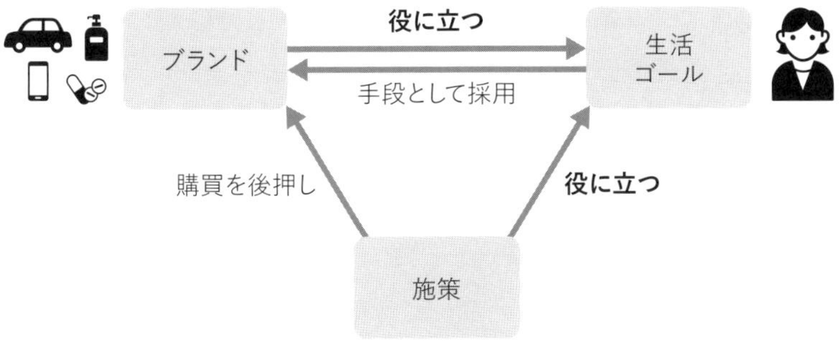

図表4-28　顧客の生活ゴールに貢献することで、購買を後押しする

はないでしょうか。環境を良くしたいと言っても、日々の生活で意識が向くのは身の周りの環境でしょう。つまり大半の人にとって、**ごみをリサイクルするという行動は、「地球環境を良くすること」の一部**ではなく、「自分の住環境を良くすること」の一部だということです。だからこそ、地球を守ろうではなく、自分の住環境を良くする提案である「One bin is rubbish」が刺さったわけです。

ゴール：地球環境を良くしたい
　　→　○地球や生き物を守ろう

ゴール：自宅の住環境を良くしたい
　　→　×地球や生き物を守ろう
　　→　○「One bin is rubbish」

第２章のチーズケーキの例も同様です。ビジネスパーソンにとって、

夜、会社帰りのコンビニで**チーズケーキを買うという行動は、「明日も頑張って働くこと」の一部**ではなく、「今日一日を締めくくること」の一部です。従ってメッセージも「一日を締めくくる時間を持つこと」を応援する内容になっています。

ゴール：明日も頑張って働く

→　○明日も頑張ろう

ゴール：今日一日を締めくくる

→　×明日も頑張ろう

→　○明日を始める前に、まず今日をちゃんと締めくくろう

このように、無関心な人に行動してもらうには、ブランドを利用することが生活という大きなくくりの中でどんな意味を持つのかを見抜いて、**購買の先にある顧客のゴールと施策のゴールを生活レベルで合致させていくことがポイント**です。顧客のゴールさえ分かれば、施策で打ち出すべきメッセージやトンマナなどの方向性はおのずと決まります。端的に言えば、**ゴールに向けて未顧客が行っている行動を支援することがマーケティング施策の役割**になります。

未顧客の行動を増やすための施策例

▶ゴールや行動、状況に名前、ラベルを付ける

▶行動を褒める、報酬を与える

▶行動に有益な情報を提供する

▶行動の難しさや大変さ、つらさを代弁する

▶行動が欲求を満たす様子を描写する

▶行動の素晴らしさや意義に共感を示す

▶行動をしやすい場所やイベントを用意する

リサイクルの例で言えば、「ごみ箱が1つしかないとごみがあふれる」という状況のつらさや、その状況での分別の難しさを代弁し、その現象に「One bin is rubbish」という名前を付けることによって、ごみ箱をもう1つ置くという行動を増加させていると考えられます。

随伴性を利用したポジショニング

ブランドにとって望ましい行動を増やすために有用なのが「**随伴性***」の理解です。随伴性とは、あるきっかけで行動が起こり、その結果が本人にフィードバックされて今後の行動を条件付けする（増減する）**ループ構造**のことです。このようなループ構造は本書では何回も登場していますね。ある行動の結果、本人にとって良いことが起これはその行動は増えます。これを「**強化**」と言います。逆に本人にとって悪いことが起きるのであれば、その行動は減ります。これを「**弱化**」と言います。いずれも本人は無意識の場合が多いですが、報酬が得られる行動は継続されやすくなり、報酬が得られない行動は選択肢の中から淘汰されていくわけです。**随伴性を使った未顧客理解のポイントはループ構造の理解にあります**。つまり、「なぜその行動が起きるのか」という初回のきっかけだけではなく、「**なぜその行動が継続するのか、もしくは継続しないのか**」についても思考を深めるということです。

* 心理学や行動療法では、きっかけ、行動、結果という3つの要素で構成される「三項随伴性」のことを指しますが、本書ではマーケティングに援用しやすいように、きっかけを欲求、結果を報酬と読み替えています。また、行動療法での随伴性は認知の影響は考えず、行動側面にのみ焦点を当てますが、そのままだとマーケティングへの応用には不向きのため、認知側面も取り入れたモデルに変更しています

第2章のチーズケーキの例にはどのような随伴性が含まれているでしょうか。まず昼の文脈を考えてみます。作業中にCMを見たことが

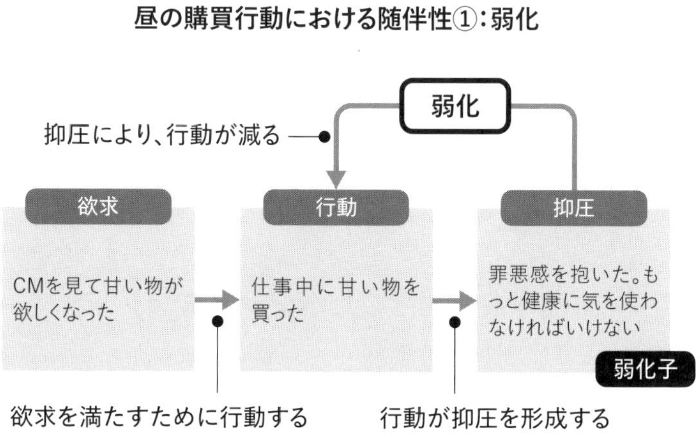

図表4-29　昼の購買行動における随伴性

きっかけとなり甘い物が欲しくなりますが、「健康のことを考えないといけない」という抑圧がかかり我慢しています。しかし過去には我慢できずに食べてしまったこともあったのではないでしょうか。そのときの罪悪感が抑圧を形成する一因になっているのかもしれません。このときの随伴性は**図表4-29**のようになります。

このループでは、甘い物を食べてしまったという罪悪感を抱くことで、行動（仕事中に甘い物を買う）が減っていきます。このように、ある結果が起こると行動が減るケースは弱化に該当し、行動を減らしている要因（例：抑圧）を**弱化子**と呼びます。こうしたループを繰り返すことで、昼の文脈では甘い物を買うという行動が減っていくわけです。

一方で、夜の文脈では別の随伴性が見て取れます（**図表4-30**）。こちらのループでは、「1日を締めくくる時間ができる」という報酬を得る

夜の購買行動における随伴性②:強化

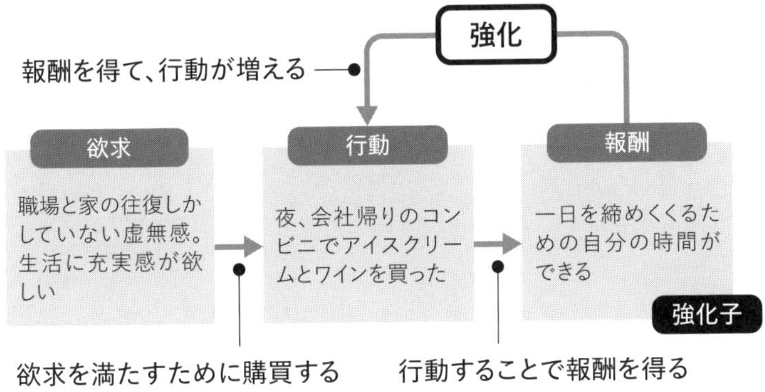

図表4-30　夜の購買行動における随伴性

ことで、その報酬を与える行動(アイスクリームやワインを買う)が増えていると考えられます。つまり、報酬が行動を強化しているわけです。このような行動を増やす要因(例:報酬)を**強化子**と呼びます。

「昼に甘い物は駄目だけど夜は構わない」という顧客の合理が成り立つのも、強化の随伴性が顧客の中に確立されており、罪悪感に由来する弱化を相対的に上回るからだと考えられます。このように、**未顧客の中に存在する随伴性に沿ったコミュニケーションを実施すると、行動が継続する力学に乗じたポジショニングができるため、新しい利用機会を作り出しやすくなります**(図表4-31)。

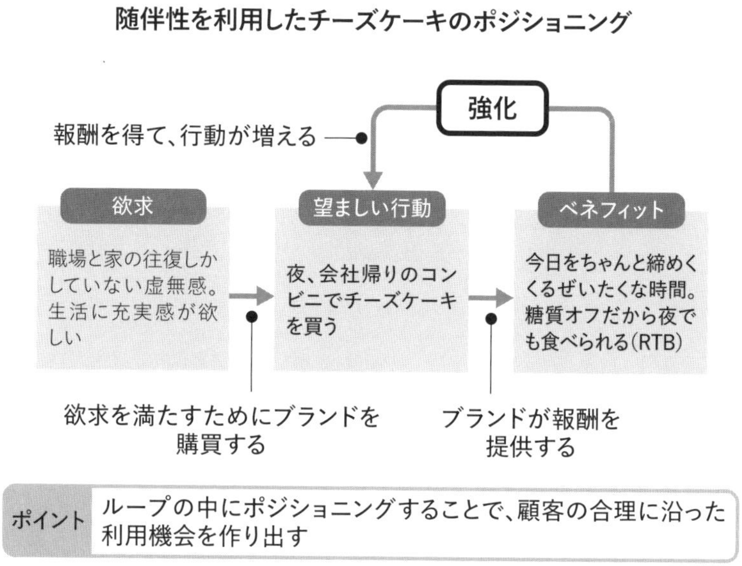

図表4-31　随伴性を利用したチーズケーキのポジショニング

複数の随伴性を利用した行動強化

同じ行動でも、複数の随伴性に支配されている場合もあります。つまり**同じ行動の背後に別の欲求、別の報酬があるような場合**です。この場合、一方が弱化になっていても、もう一方が強化になっていれば、強化になっている方の随伴性を利用することで望ましい行動を増やすことができます。チーズケーキの例で言えば、弱化が働いている昼の文脈ではなく、強化が働く夜の文脈を利用してチーズケーキの利用機会を開拓しています。このように**複数の随伴性の情報を利用すると、より効率的に行動を強化することができます**。

チーズケーキの例で、夜の随伴性をさらに深く理解するために観察を続けたところ、次のようなインタビューが得られました。このインタビューの中から随伴性を読み解いて、望ましい行動をさらに強化するための施策を考えてみましょう。

――忙しくて自分の時間が取れないことに虚無感があるのですか？

「平日に自分の時間がないのは、この業界で働いている以上ある意味仕方のないことかなと思います。平日は仕事、週末は自分のためと割り切っているので。どうせ平日に大したことはできないですし、寄り道せずさっさと家に帰ります。疲れたからさっさと寝よう、みたいな。むしろ週末を大事にしますね」

――週末にチーズケーキを買うことはありますか？

「ないですね。趣味のゲームに没頭しているので、食事には気を使わないです。最近はほとんど出前で済ませますね。あとはインスタント食品とか。あまり食を充実させたいとは思わないです。友達とご飯に行く約束があるときは別ですけど。チーズケーキはむしろ平日に買うことがありますね」

――平日にチーズケーキを買うのはどんなときですか？

「平日でも、海外ドラマの最新話がサブスク解禁になる日は特別で、家に帰るのが楽しみです。見るときにはお供が欲しいから晩酌セットを用意します。といっても、コンビニで酒とツマミをいくつか買うだけですけど。そのデザート枠でチーズケーキを買うことがあります」

――晩酌ということは、お酒と一緒にチーズケーキを食べるのですか？
「一緒ですかね。ワインとかウイスキーのハイボールが好きでよく飲むのですが、ドライなウイスキーにも甘めの白ワインにもチーズケーキが意外と合うことに最近気付いたんですよ」

――チーズケーキはいろいろ探して買うのですか？
「いや、そこまではしないです。普通の平日に、よし、ケーキを探そうとはならないじゃないですか。目に入ればって感じですね。というかチーズケーキってどこにでも売っているわけじゃないですよね。たまにコンビニで見かけることはありますけど」

随伴性を利用して施策を作る手順は、次のようになります。順にやってみましょう。

(1) 行動観察やインタビューからオルタネイトモデルを作る
(2) ブランドにとって望ましい行動とCEPを特定する
(3) 望ましい行動を促進している要因と阻害している要因を特定する
(4) 促進要因を強化、阻害要因を低減させる施策を考える

(1) 行動観察やインタビューからオルタネイトモデルを作る

まず、インタビューからオルタネイトモデルを作り、そのCEPにどのような随伴性があるのかを確認します。例えば、次のようなモデルになると思います（図表4-32）。

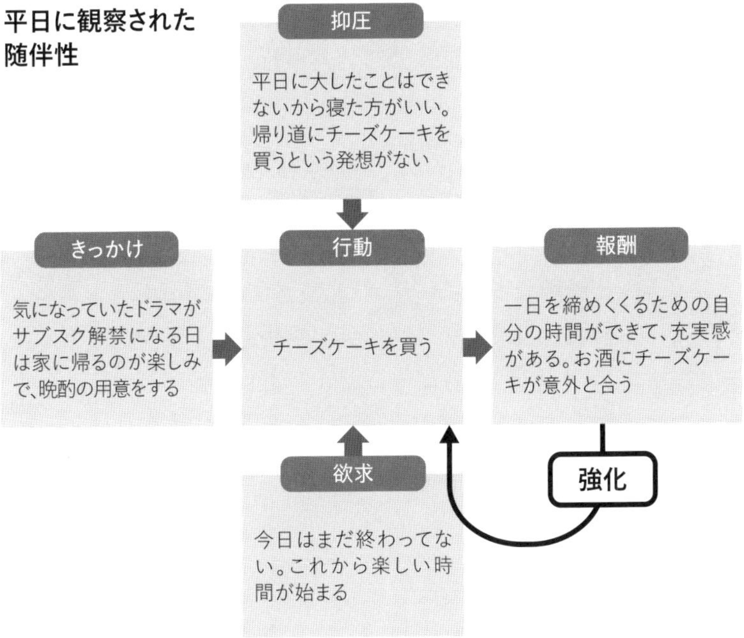

図表4-32　平日に観察された随伴性

(2) ブランドにとって望ましい行動とCEPを特定する

次に、ブランドが利用されるために増やすべき行動は何か、について考えます。「平日は仕事、週末は自分のためと割り切っている」という発言にもあるように、この人は「平日と週末」という区切りで一週間を捉えていることが分かります。

週末ではなく平日に機会拡大のポテンシャルがありそうです。「チーズケーキはむしろ平日に買うことがある」という発言の事実背景を確認していくと、「海外ドラマの最新話がサブスク解禁になる日は特別」「見るときにはお供が欲しいから晩酌セットを用意する」というきっかけがあったことが分かります。平日の楽しみのお供にチーズケーキが利用されるということです。

しかし、そこには「どうせ平日に大したことはできない」という抑圧も存在します。若干の我慢や諦めが感じられる表現です。平日を「割り切っている」と表現していることや、ドラマの最新話がサブスクリプションで解禁になる日を「家に帰る楽しみがある」と言っていることなどを考慮すると、本来は、平日は平日なりに楽しみたいのではないでしょうか。そこから、平日の仕事帰りという文脈には、「今日はまだ終わってない、これから楽しい時間が始まる」とワクワクしたい欲求もあるのではないかと考えられます。

このように推察を進めると、「仕事帰りの平日の夜を楽しむ」というCEPが見えてきます。チーズケーキを買うという行為は、その一部分として捉えるべきなのかもしれません。つまり、「平日の仕事帰りの夜を楽しむための行動」を増やすこと、その行動とチーズケーキを結び付けることが施策のゴールになるわけです。

(3) 望ましい行動を促進している要因と阻害している要因を特定する

では、「平日の仕事帰りの夜を楽しむための行動」を促進している要因、阻害している要因は何でしょうか。それらの要因が分かれば、行動を増やすための打ち手を講じられそうです。次のような視点でもう一度インタビューを読み直してみましょう。

- 「仕事帰りの平日の夜を楽しむ」ために何をしているか
- 「仕事帰りの平日の夜を楽しむ」ために採用している商材は何か
- 「仕事帰りの平日の夜を楽しむ」ことを促進している要因は何か
- 「仕事帰りの平日の夜を楽しむ」ことを邪魔している要因は何か
- 「仕事帰りの平日の夜を楽しむ」ときにチーズケーキの利用を妨げている要因は何か

まず、「仕事帰りの平日の夜を楽しむ」ためにしていることは「サブスクリプションで海外ドラマを見ること」、採用しているのは「ワインとチーズケーキ」です。他の未顧客にインタビューすればいろいろ出てきそうですが、ひとまずこの人に限定して考察を進めます。「仕事帰りの平日の夜を楽しむ」ことを促進しているのは、「ワインやハイボールとチーズケーキが意外と合う」という体験ですね。これは強化子になっています。

逆に邪魔しているのは「平日に大したことはできないから、さっさと寝た方がいい」という思い込みです。特にチーズケーキを買うことを妨げているのは、「会社の帰りにチーズケーキを買うという発想がない」ことですね。ここには、メインの購買チャネルであるコンビニで売っていない、帰り道で売っている所を思い付かないといった物理的な障害も含まれていると推測されます。

(4) 促進要因を強化、阻害要因を低減させる施策を考える

ここまでの考察に基づいて施策を考えてみましょう。施策のゴールは、「平日の仕事帰りの夜を楽しむ行動」を増やして、その行動とチーズケーキを結び付けることです。報酬をさらに強化する施策と、抑圧を低減する施策という両側面からアプローチして、アイデアをオルタネイ

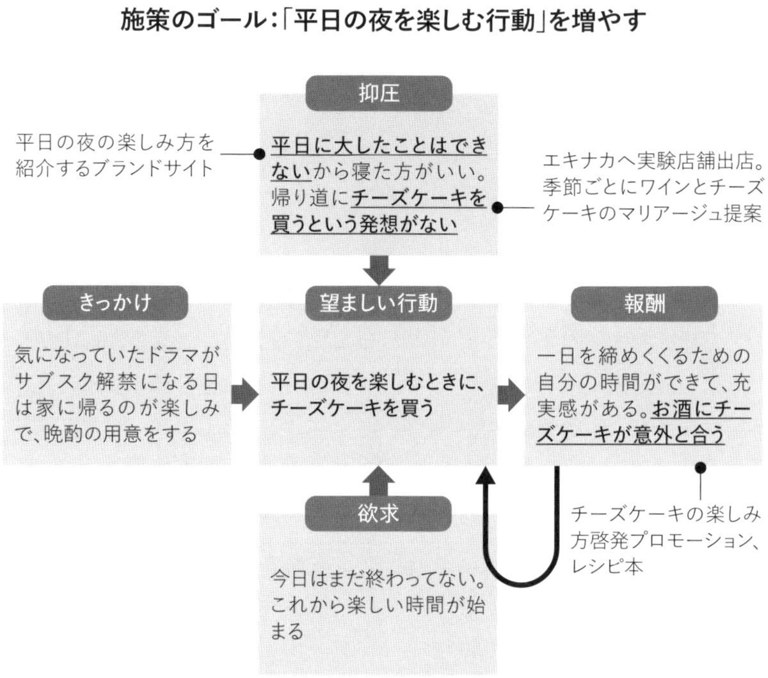

図表4-33　促進要因を強化、阻害要因を低減させる施策

トモデルに書き込んでみましょう。例として、次のような施策が考えられるかもしれません（**図表4-33**）。

望ましい行動を阻害している要因（抑圧）を低減する施策

- 「平日に大したことはできないから寝た方がいい」に対しては、特設のブランドサイトを開設して、平日の夜の楽しみ方（スポット、店舗、体験エピソード）を紹介する。いくつかのレストランやカフェに協賛してもらい、そうした協力店舗に無料サンプルや持ち出しの什器《じゅうき》を設置して、平日の夜を楽しむという行為の近くでチーズケーキのセイリエンスを高める。

●「チーズケーキを買うという発想がない」に対しては、「会社帰りの平日の夜を楽しむこと」をコンセプトとしたワインとチーズケーキの専門店を実験的にエキナカに出店し、フィジカルアベイラビリティを高める。コンコース周辺の小規模ポップアップストアで、飲み切りのハーフサイズワインと季節のマリアージュを提案する。

望ましい行動を促進している要因（報酬）を強化する施策

●「お酒にチーズケーキが意外と合う」に対しては、洋酒とチーズケーキの結び付きを強める啓発プロモーションを展開。半冷凍で楽しむセミフレッドや濃厚さを極めたチーズテリーヌなど、ワインやウイスキー、ブランデーに合わせるチーズケーキの選び方、新しい食べ方、レシピ提案などクロスセルにつながる情報を提供する。

COLUMN

「鍋つゆ」が目指す未顧客獲得

株式会社Mizkan 田中保憲 氏

ミツカンの鍋つゆはシェアNo.1を頂いており、そのトップブランドは「〆まで美味しい鍋つゆ」というシリーズです。

お鍋はお客様が自由に食材を入れて楽しむ料理です。そのため、鍋つゆには、どんな食材をどんな量入れても、冷めてしまっても、何より最後の〆を食べているときまで、ちゃんとバランスが崩れずに美味しいことが求められます。

「〆まで美味しい鍋つゆ」は、口に入れてから飲み込むまでの時間差で、口に入れたときの「先味」、食材を噛んでいる時の「中味」、飲み込んでからの余韻「後味」の3つに分けて味のバランスを設計しており、そのこだわりがあるからこそ「〆まで美味しく食べられる」と考えております。

本シリーズに関しては、おかげさまで多くのお店で目立つ場所に置いていただいているため、「寒い、お鍋が食べたい→お店で手に取りやすい場所にある鍋つゆを買う」というシンプルな未顧客獲得の構造はあるのですが、リピートを獲得していくためのループには、前述の「〆まで美味しく食べられる」特徴が関与していると考えています。

●きっかけ：寒い、お鍋が食べたい

●行動：売場でたくさん展開しているミツカンの鍋つゆを、あまり考えず手に取る。よく見たら「〆まで美味しい」と書いてあるので、オススメの〆をやってみる

●報酬：〆（最後）に満足感があって終えるため、食事全体の印象がアップ

●欲求：またあの〆を味わいたい

●次の行動：「〆」のマークを目印に、いろいろな鍋つゆにチャレンジ

また、鍋つゆはどうしても需要が秋冬に集中する傾向があります。しかし、台湾やタイ、ベトナムなどでは、暑くても一年中熱いものが食べられています。ここには、暑いからこそ熱いものを食べて汗をかいてスッキリしたい、といった「顧客の合理」があるのではと考えており、これは日本でも当たり前にできるのではと考えています。そこで「**〆まで美味しいキムチ鍋つゆ ストレート**」なども活用しながら、春夏の鍋需要という新たな未顧客の獲得を目指しています。

第5章

ブランドの再解釈：ケーススタディ

本章では、これまで学んだ内容を使って、読者の皆さんと一緒にさまざまな商品やサービスの再解釈を考えていきたいと思います。５つのマーケティング課題を用意しました。それぞれの課題では、最初に未顧客のエピソードを描いたマンガ*を見て、CEPの文脈を理解していただきます。その後、次の４つのステップを通して、未顧客の獲得に向けたブランドの再解釈を行います。

＊　未顧客へのインタビューで得られた内容を、書籍用にマンガ仕立てにしたものです。実務ではインタビューを直接分析します

[1] オルタネイトモデルを作る

[2] 随伴性を把握する

[3] ベネフィットを再解釈する

[4] ブランドを再構築する

なお5-6では、ブランドを再解釈した後に実施する「オルタネイトモデルの検証」のポイントを解説します。

5-1

[事例1　台所用洗剤]
商品の利用シーンを拡大する

最初は台所用洗剤の利用シーンを拡大するという事例です。ブランドの特徴は「水回りから壁面まで全部まとめてスプレーできる」ことです。登場する未顧客は、家で子育てと仕事を両立させている女性ライターで、場所は自宅、時間は早朝です。読者の皆さんは、この台所用洗剤のマー

ケティング担当者になったつもりで、「このCEPとブランドを結び付けるには、どのようにブランドを再解釈するべきか」考えてみてください。

[1] オルタネイトモデルを作る

文脈の中心には「朝に台所を軽く掃除する」という行動があります。利用機会を拡大したいメーカーとしては、この行動を増やしていきたいところです。

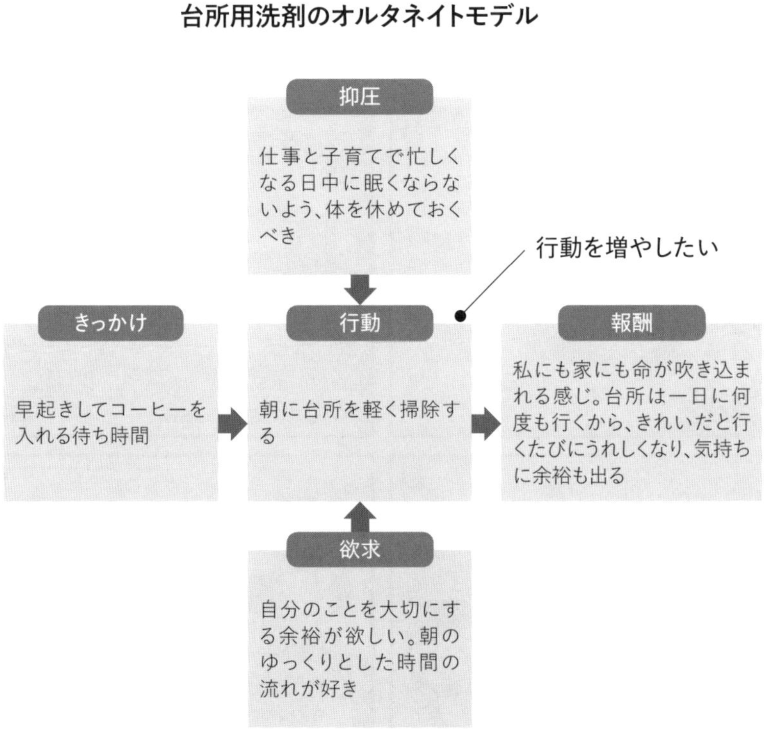

図表5-1　台所用洗剤のオルタネイトモデル（再解釈前）

まずは、ストーリーをオルタネイトモデルに落とし込んでいきましょう。このケースでは、未顧客の欲求を見極めることがポイントです。「朝のゆっくりな時間の流れが好き。私にも家にも命が吹き込まれる感じ」という発言から、逆にいつもは「忙しくて自分の気持ちを顧みる余裕や時間がない」のではないかと考えられます。つまり、普段は仕事や家事、育児に忙殺されていることが予想されます。ということは、「自分のことを大切にする余裕が欲しい」という言外の欲求がありそうだと推察できます（図表5-1）。

[2] 随伴性を把握する

次に、行動の前後にある随伴性（欲求、行動、報酬のループ）を確認しましょう。まず、「自分のことを大切にする余裕が欲しい、朝のゆっくりとした時間の流れが好き」という欲求があり、それが「朝に台所を軽く掃除する」という行動につながり、その行動が「台所は一日に何度も行くから、きれいだと行くたびにうれしくなり、気持ちに余裕も出る」という報酬を生み出しています。この報酬は欲求を満たしているため、望ましい行動を増やす強化子として働いていることが分かります。つまり、この報酬とブランドを結び付けてループを強化することがポイントになってくるわけです（図表5-2）。

[3] ベネフィットを再解釈する

では、ブランドの特徴（「水回りから壁面まで全部まとめてスプレーできる」）と報酬を組み合わせてベネフィットを作ります。ここで、報酬の中の「命が吹き込まれる感じ」「台所がきれいだと行くたびにうれしくなる」といった発言に着目します。「命が吹き込まれる感じ」という発言からは、停滞していたものがリセットされて動き出す感じや、良い

【打ち手】：望ましい行動を促進している要因を強化する

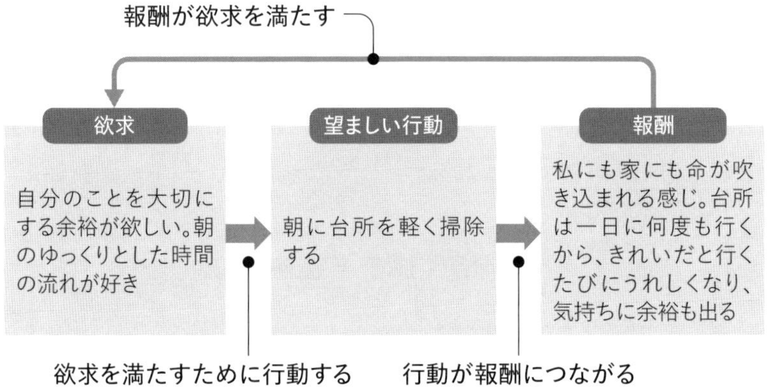

図表5-2　台所用洗剤の随伴性

一日が始まる起点への期待感が伝わります。「台所がきれいだと行くたびにうれしくなる」からは、仕事や子育ての合間に気持ちを整えてモチベーションを保つ、休憩所のような役割が見えてきます。

つまり、朝に台所をきれいにするという行為は、単に家事の一つというだけでなく、新しい一日を始めるリセットボタンであり、仕事や家事に忙殺される中で人間らしい生活ができていることを確認することの一部なのかもしれません。

そこから、「リセット」という表現を採用し、「台所周りはこれ１本で簡単リセット。朝スプレーするだけで行くたびにうれしくなるキッチンに」というベネフィットとして解釈してみました（**図表5-3**）。

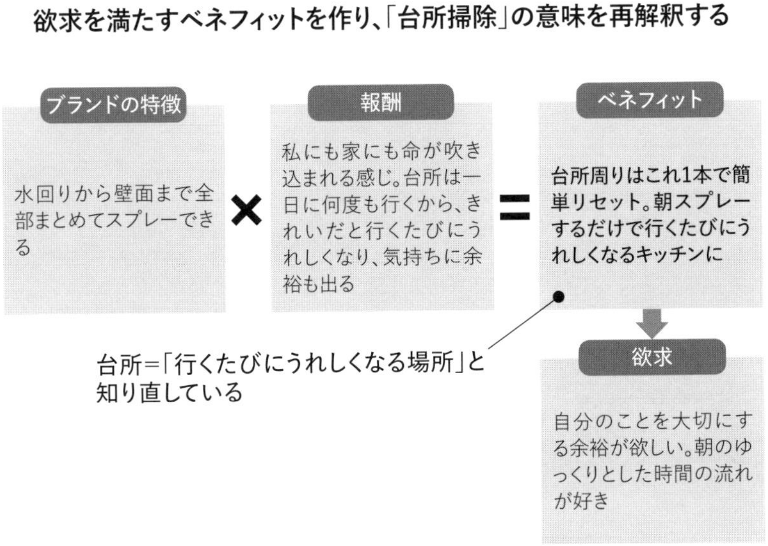

図表5-3　台所用洗剤のベネフィット

[4] ブランドを再構築する

こうして作成したベネフィットを報酬部分に配置したのが、**図表5-4**のオルタネイトモデルです。

最初のオルタネイトモデル（図表5-1）と異なるのは2点です。一つは、ブランドを起点に欲求―行動―報酬（ベネフィット）の間に明確なループ構造ができていることです。

もう一つは、きっかけにも再解釈を加えていることです。**図表5-1**では「早起きしてコーヒーを入れる待ち時間」がきっかけでしたが、**図表**

対立構造でギャップを作り、ストーリーの報酬感を高める

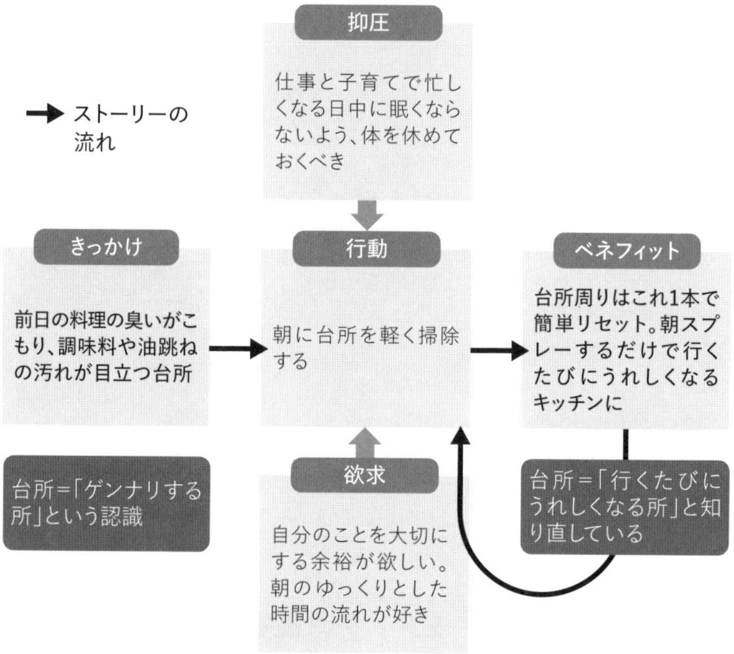

図表5-4　台所用洗剤のオルタネイトモデル（再解釈後）

5-4では「前日の料理の臭いがこもり、調味料や油跳ねの汚れが目立つ台所」に変わっています。これは、「台所がきれいだと行くたびにうれしくなり、気持ちに余裕も出る」という報酬の逆の状態を表現しています。このようにストーリーの中に対立構造を設けることで、行動から得られる報酬感を高めることができます。広告クリエイティブの開発でよく使うテクニックですが、報酬の対極の状態を敢えて描くことで、台所＝「ゲンナリする所」

というマイナスの基準点が生まれ、そこから

台所＝「行くたびにうれしくなる所」

と知り直した時の感情の揺れ幅が大きくなります。より心理的な報酬を感じられるストーリーになるわけです。

5-2

[事例2 転職サイト]
メッセージを再解釈してCVRを上げる

次は、人材紹介会社が運営する転職サイトの事例です。このサービスの特徴は、企業とユーザーの相性をスコアリングしてくれることです。その相性スコアに基づいて、価値観や働き方がマッチする企業のリストを利用者にＤＭで届けます。登場人物は30代の会社員です。

[1] オルタネイトモデルを作る

昼の休憩時間にふと、「ステップアップのための転職もありかな」という思いが頭に浮かんだようです。このエピソードからオルタネイトモデルを書き起こすと、**図表5-5**のようになるでしょう。いろいろな企業を調べてはいるようですが、応募には至らないようです。サービス提供者である人材紹介会社からすると応募が最初のコンバージョンとなるため、こうした未顧客に対して何かしらの行動喚起を行いたいところです。

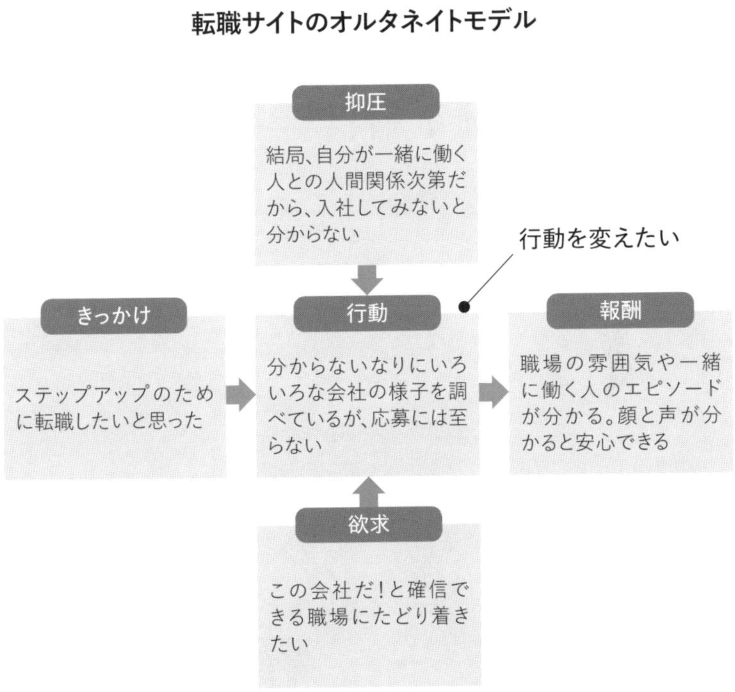

図表5-5　転職サイトのオルタネイトモデル（再解釈前）

[2] 随伴性を把握する

行動の前後の文脈を確認します。失敗しない転職先を見つけるために、いろいろな企業を調べているようです。職場の雰囲気や実際に働いている人のインタビューなどを多く読んでいることから、「社員の顔や声が分かると安心できる」という思いがありそうです。それが報酬となって、さらにいろいろな会社の様子を見ようとサイトを回遊しているようですが、応募には至っていません。「結局、自分が一緒に働く人との人間関係次第だから、入社してみないと分からない」という抑圧があるからです（図表5-6）。

【問題】：望ましい行動を阻害している要因がある

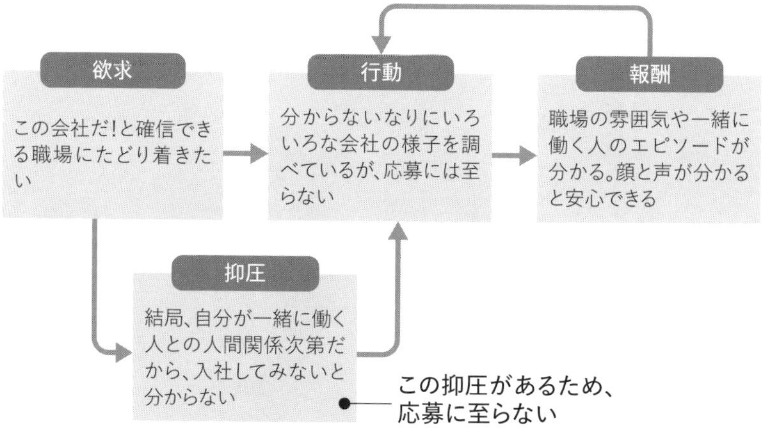

図表5-6　転職サイトの随伴性

[3] ベネフィットを再解釈する

サイトを運営している人材紹介会社としては、こうした抑圧を減らすことで応募率を高めていきたいところです。サービスの特徴をどう再解釈すれば抑圧を減らすベネフィットを提案できるでしょうか。この転職サイトでは、掲載企業に働き方の価値観やワークライフバランスなどに関するアンケートを実施しており、利用者のアンケートと合わせて相性をスコアリングしてくれるそうです。そのスコアに基づいて、価値観や働き方がマッチする企業のリストが毎週利用者にＤＭで届きます。少し複雑なシステムですね。どういう伝え方をすれば魅力的なサービスとして映るでしょうか。

ここで、「一緒に働く人のエピソード」「顔と声が分かると安心できる」「自分が一緒に働く人との人間関係次第」といった部分に着目すると、企業や仕事内容ではなく人との相性に関心を寄せていることが分かります。この未顧客は、転職に関して「一緒に働く人で職場を選ぶ」という合理を持っているのかもしれません。情報検索も人を軸に実施していることが見て取れますね。

従って、

「価値観や働き方が合う『企業』が見つかる」

という言い方ではなく、

「価値観や働き方が合う『上司や同僚』が見つかる」

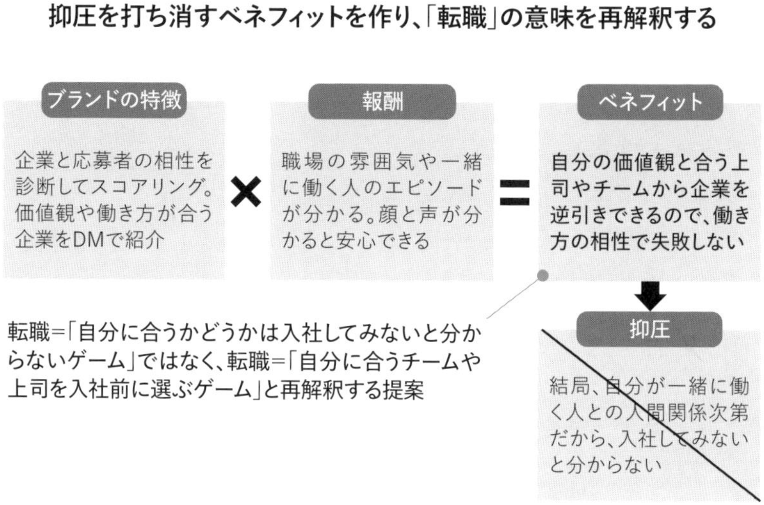

図表5-7　転職サイトのベネフィット

と言った方が、よりサービスの報酬感が高まるでしょう。

こうした考察から、マッチングやスコアリングを押すのではなく、「自分の価値観と合う上司やチームから企業を逆引きできるので、働き方の相性で失敗しない」というベネフィットの切り出し方が思い浮かびます。また、ＤＭで転職先候補の企業リストを送るのではなく、上司や同僚のインタビューなどを自分で調べやすいようなＵＸにしたり、実際に会って話を聞けるような仕組みにしたりした方が良いかもしれません（**図表5-7**）。

[4] ブランドを再構築する

再解釈したベネフィット（自分の価値観と合う上司やチームから企業を逆引きできるので、働き方の相性で失敗しない）を組み込んだオルタ

意味の変化を描き、転職を別のゲームとして認識してもらう

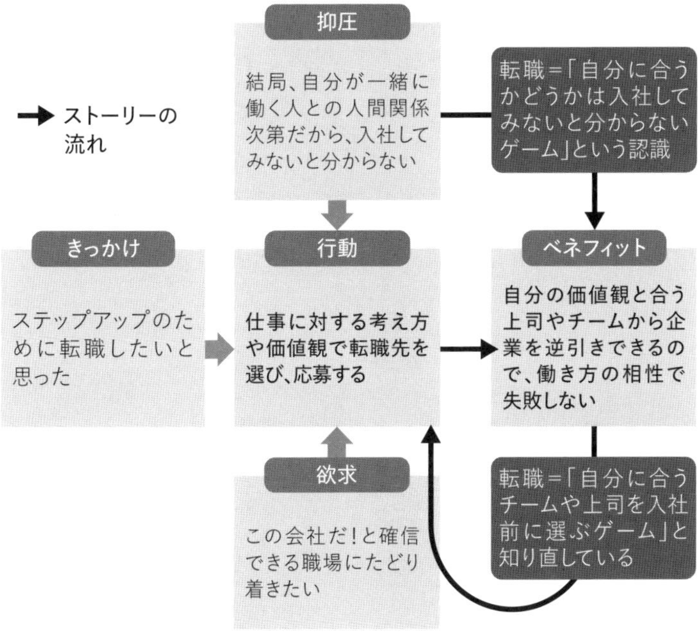

図表5-8　転職サイトのオルタネイトモデル（再解釈後）

ネイトモデルは**図表5-8**のようになります。

元のオルタネイトモデル（図表5-5）では、

転職=「自分に合うかどうかは入社してみないと分からないゲーム」

と認識されていましたが、そうした認識を持った未顧客に対して、「自分の価値観と合う上司やチームから企業を逆引きできるので、働き方の

相性で失敗しない」と提案することで、

転職＝「自分に合う同僚や上司を入社前に選ぶゲーム」

と気付ける構造になっています。この未顧客は「一緒に働く人で転職先を選ぶ」という合理を持っていますから、その気付きが「この会社だ！と確信できる職場にたどり着きたい」という欲求を満たし、応募を喚起することが期待できます。

5-3

[事例3 ソイフード]
新商品をポジショニングするために新しい行動習慣を生み出す

次は、新しいソイフード（大豆食品）商品のポジショニングを考えていきましょう。商品の特徴は、「糖質をカットして、食物繊維やたんぱく質も摂取できる」こと、登場する未顧客は、ダイエットのために筋トレを始めた30代の男性トレーニーです。

[1] オルタネイトモデルを作る

このエピソードでは報酬についての明確な言及がありません。実際の行動観察やインタビューの場面でも、欲求や報酬については顧客の口から語られることが少ないため、エピソードの中にある事実からマーケターが推察する必要があります。今回のケースであれば、筋トレ中の食事についての悩みや関心事が多いことから、「筋トレ中でも、食べる物や料理することに選択肢が持てる」ことが報酬になるのではないかと考えられます。

そうすると、オルタネイトモデルは**図表5-9**のように描けます。文脈の中心には、「とりあえずブロッコリーとサラダチキン」を選ぶという行動があります。ブロッコリーやサラダチキンは、ダイエットや筋トレには理想的なメニューですが、さすがに毎日だと飽きてきます。しかし筋トレ中に食事をどこまで妥協していいのかは、「調べても人それぞれで、結局同じもので我慢する」という状態です。メーカーとしてはここにチャンスがありそうです。

[2] 随伴性を把握する

これまでのケースでは、行動に伴う報酬が欲求を満たすことで望ましい行動が増えるという随伴性が確認されましたが、今回のケースでは行動に報酬が伴っていません。そのため、「筋トレを継続するために、筋トレ生活のQOLを上げていきたい」という欲求が満たされないまま、「取りあえずブロッコリーとサラダチキン」という望ましくない行動がループしています。そのループの原因となっているのが、「どこまで食事を妥協してもいいのか分からない。調べても人それぞれで、結局同じ

ソイフードのオルタネイトモデル

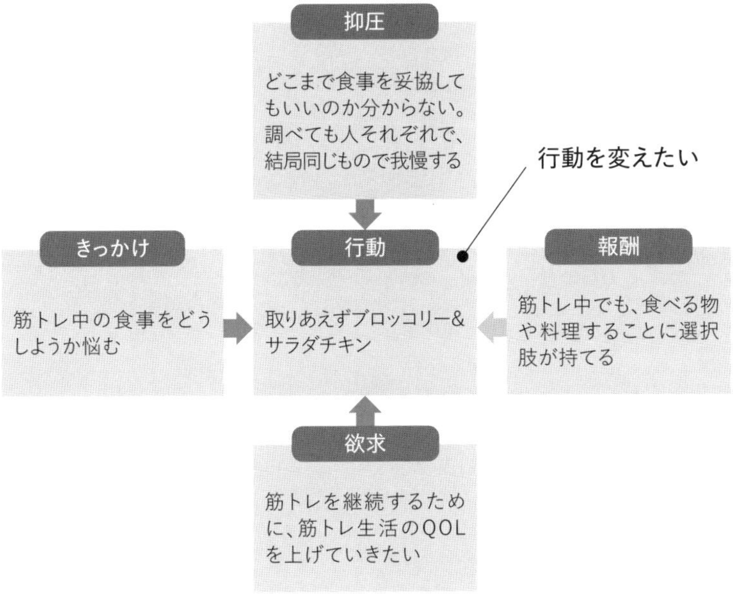

図表5-9　ソイフード商品のオルタネイトモデル（再解釈前）

もので我慢する」という抑圧です（**図表5-10**）。この抑圧を打ち消すような提案はできないでしょうか。

[3] ベネフィットを再解釈する

商品の特徴は、「糖質をカットして、食物繊維やたんぱく質も摂取できる」ことです。このケースで再解釈のポイントになるのは、「主食感」です。主食は、それ自体を食べるうれしさもありますが、組み合わせる具材やおかずを変えることでメニューの幅が広がります。つま

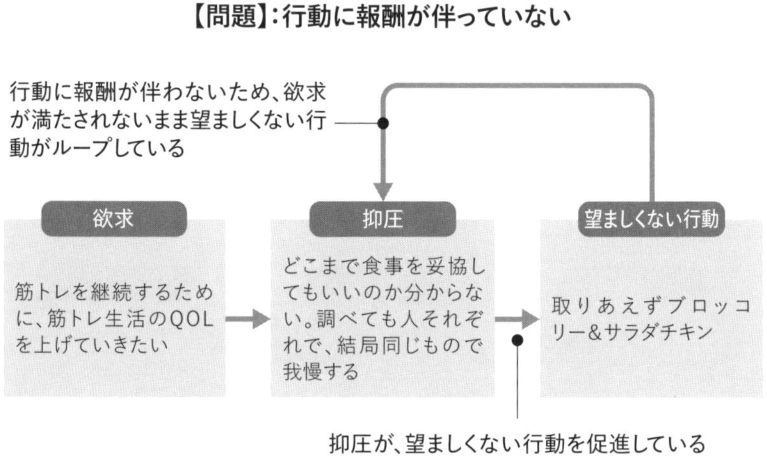

図表5-10　ソイフード商品の随伴性

り食の自由度を広げる“ハブ”としての役割も果たすと考えられます。この視点を「筋トレ中でも、食べる物や料理することに選択肢が持てる」という報酬と組み合わせると、「糖質はカットしてもメニューの幅はカットしない。主食を我慢しないからダイエットや筋トレが長く続く」というベネフィットが思い浮かびます。これは、「同じものを我慢して食べないといけない」という抑圧を打ち消す提案にもなっています（図表5-11）。

[4] ブランドを再構築する

既存の文脈に対して、ブランドが新しい報酬となるように再解釈することで、

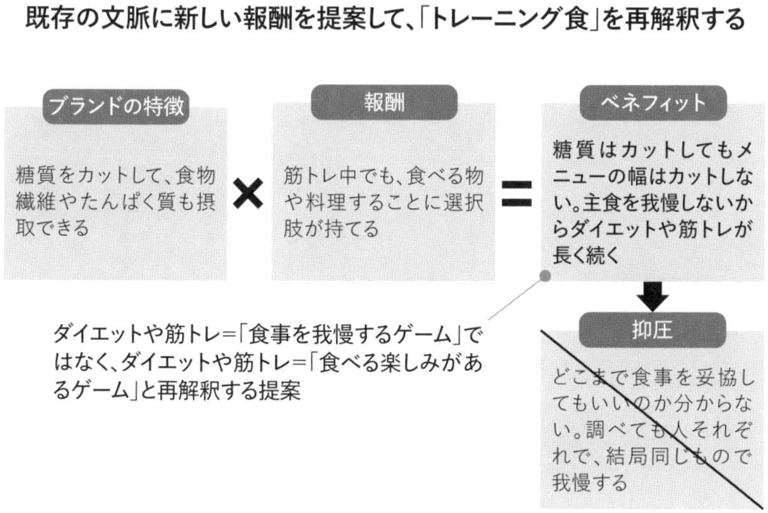

図表5-11　ソイフード商品のベネフィット

ダイエットや筋トレ＝「食事を我慢するゲーム」

ではなく、

ダイエットや筋トレ＝「食べる楽しみがあるゲーム」

と認識してもらうための提案ができました。

これをオルタネイトモデルに当てはると、**図表5-12**のような「欲求—行動—ベネフィット」のループが生まれます。まず「筋トレを継続するために、筋トレ生活のQOLを上げていきたい」という欲求を満たす

新しい報酬を提案して、「欲求−行動−報酬」のループを生み出す

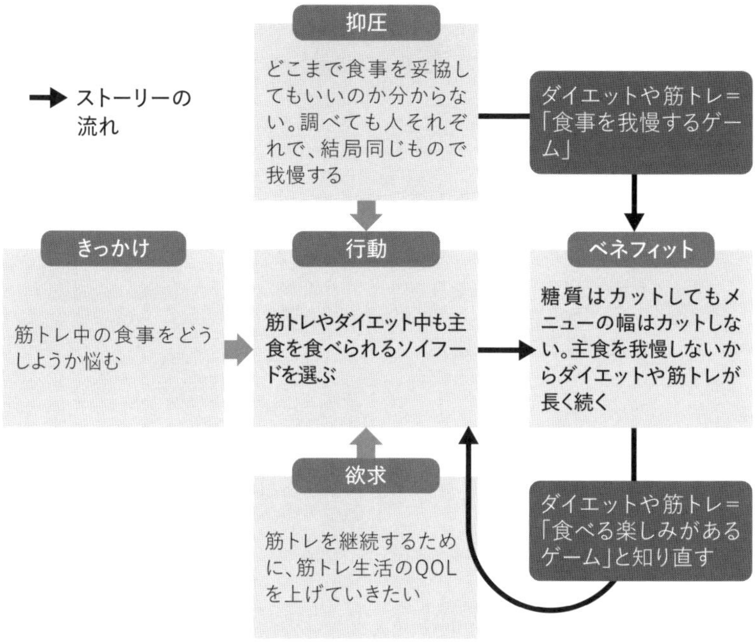

図表5-12　ソイフード商品のオルタネイトモデル（再解釈後）

ために、「筋トレやダイエット中も主食を食べられるソイフードを選ぶ」という行動が起きます。その行動により「糖質はカットしてもメニューの幅はカットしない。主食を我慢しないからダイエットや筋トレが長く続く」という報酬が得られます。この報酬は元の欲求を満たすため、欲求—行動—報酬がつながります。このループが筋トレ文脈での新しいCEPになるわけです。

5-4

[事例4 スマート家電]
望ましくない行動習慣を変える新提案を行う

アプリで照明や音楽を調整する、いわゆるスマート家電を浸透させるケースを考えていきます。登場する未顧客は、20代のIT系企業の会社員です。

[1] オルタネイトモデルを作る

前後関係に注意してオルタネイトモデルに落とし込むと図表5-13のようになります。文脈の中心となっているのは、スマートフォンでSNSやインターネット掲示板を見ながら寝るという行動です。寝付きの悪さに悩んでいると思われますが、寝る前のスマホの使い過ぎは睡眠の妨げになります。スマート家電の特徴を生かし、この行動を変える提案ができないでしょうか。

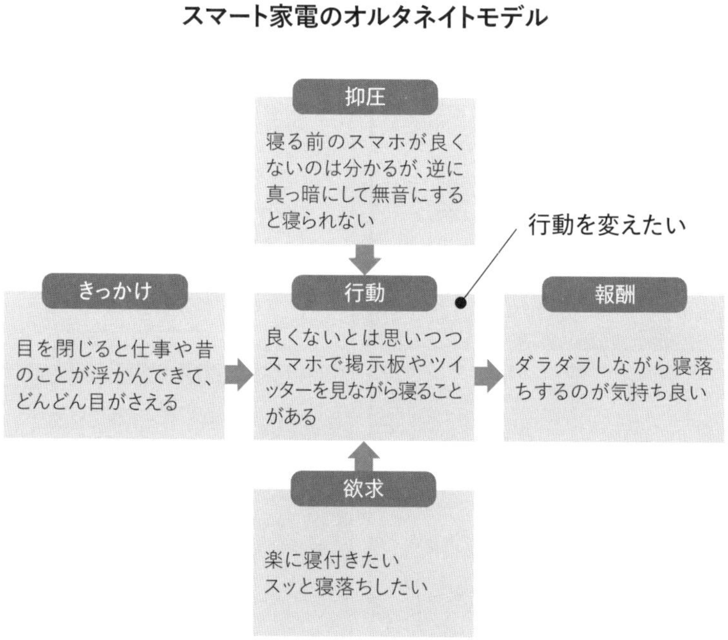

図表5-13　スマート家電のオルタネイトモデル（再解釈前）

[2] 随伴性を把握する

この人の場合、ソファでテレビをダラダラ見ていると気持ち良く寝落ちできるという成功体験が、眠るための合理を形成しています。しかし次の日に仕事があるときは、延々とソファで寝落ちを待つことはできません。従って、寝落ちしやすい状況を近似的に再現するために、ベッドの中でスマホを見ながら眠くなるのを待つ、という行動が起きていると考えられます。

このように、本来の手段で欲求を満たせないとき、代わりの手段で欲求を満たそうとする行為を、心理学で**代償行動**と呼びます。ベッドの中でスマホを見ることが、ソファでテレビを見ながら寝落ちすることの代替案になっているわけです。

問題：望ましくない行動に随伴性が起きている

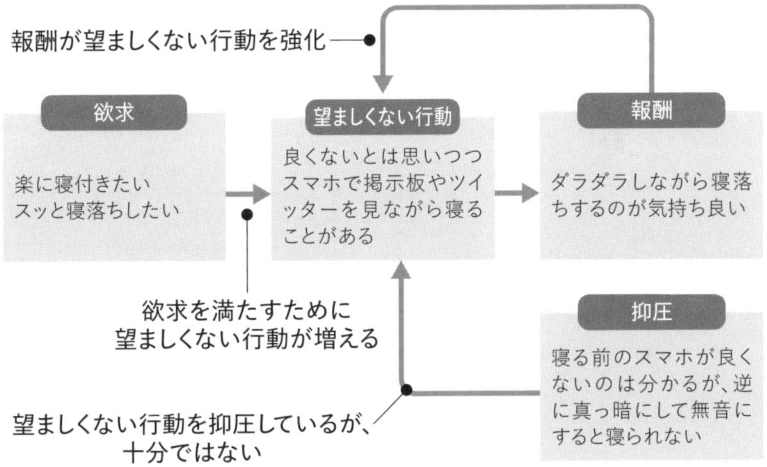

図表5-14　スマート家電の随伴性

また、このケースには抑圧が2つ存在します。一つは、スマホを見ながら入眠することに対する「寝る前のスマホは良くない」という抑圧意識です。もう一つは、部屋を暗くして入眠することに対する、「真っ暗にすると寝られない」という抑圧意識です。この2つの抑圧意識により、「寝る前のスマホが良くないのは分かるが、逆に真っ暗にして無音にすると寝られない」というダブルバインド*の状態に陥っています（図表5-14）。

＊ 矛盾する2つのルールが共存している状態

[3] ベネフィットを再解釈する

こうした状況に置かれた人に対して、スマート家電をどのように提案すれば価値になるでしょうか。素直に考えれば、照明や音楽を自動調整する機能をピックアップし、「質の高い眠りは大事、睡眠の質にこだわろう」といったメッセージが考えられます。機能的には正しい提案と思いますが、

顧客の合理を肯定する提案で、「就寝」の意味を再解釈する

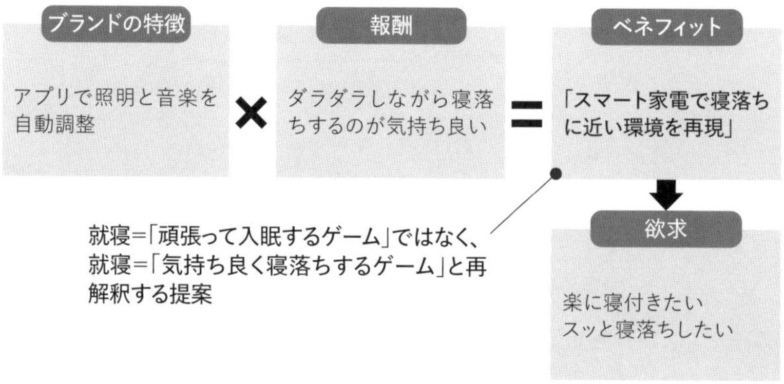

図表5-15　スマート家電のベネフィット

この人にはあまり刺さらないかもしれません。というのも、この人の関心が向いているのは入眠時のスムーズさであって、入眠した後の睡眠の深さや質の高さではないからです。むしろ、「スマート家電で寝落ちに近い環境を再現」と寄り添いに行く方が顧客の合理に合うでしょう。「適度な明るさや音楽がある方が寝付きやすいですよね」と、この人の合理に共感を示して、ダブルバインドの抑圧を代弁してあげるわけです（**図表5-15**）。

[4] ブランドを再構築する

再解釈したオルタネイトモデルは**図表5-16**のようになります。「ス

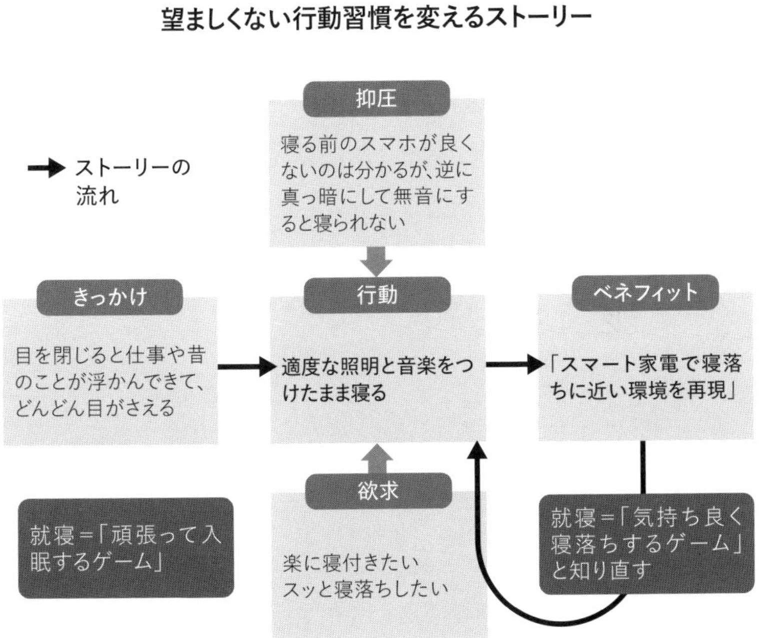

図表5-16　スマート家電のオルタネイトモデル（再解釈後）

マート家電で寝落ちに近い環境を再現する」というベネフィットにより、ダブルバインドを解消し、欲求を満たす代替案を提供しています。

それにより、

就寝＝「頑張って入眠するゲーム」

ではなく、

就寝＝「気持ちよく寝落ちするゲーム」

と知り直してもらうことが狙いです。スマート家電の特徴を生かしつつ、顧客の合理にも合った「照明や音楽をつけたまま寝る」という行動を喚起するストーリーです。

5-5

[事例5 ハイスペック掃除機] 購買者と利用者の合理の違いを意識したコミュニケーション立案

最後の事例では、最新型の掃除機の広告コミュニケーションを考えてみましょう。ブランドの特徴は「小型コードレスで取り回しやすく、充電も長持ちするので使いたい時にすぐ使える」ことです。登場する未顧客は30代の共働き夫婦です。

[I] オルタネイトモデルを作る

これまでのオルタネイトモデルは、「行動の結果良いことが起こり、それが元の行動を増やす」というパターンでした。しかし今回のケースは「行動の結果悪いこと（夫婦げんか）が起こり、それが元の行動を減らす」というパターンになっています。第４章で、行動の随伴性には元の行動が増える「強化」と、行動が減る「弱化」の２つがあることを学びました。今回のケースは、弱化に該当します。ちなみに強化の場合は行

ハイスペック掃除機のオルタネイトモデル

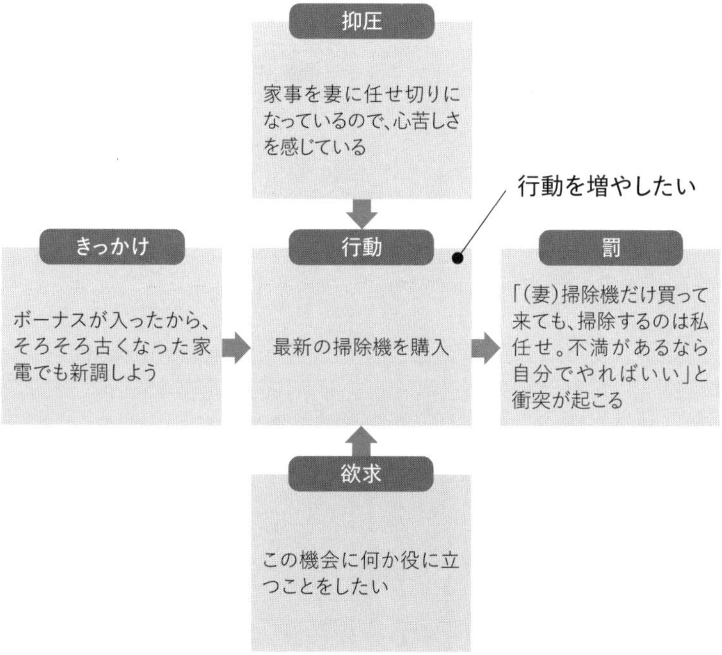

図表5-17　ハイスペック掃除機のオルタネイトモデル（再解釈前）

動の結果を「報酬」と呼びますが､弱化の場合は「**罰**」と呼びます。また、**図表5-17**のオルタネイトモデルは、きっかけ、欲求、行動、抑圧は夫の視点ですが、罰は妻の視点になっていることに注意してください。

[2] 随伴性を把握する

では、このケースの問題点を探っていきましょう。夫の視点から見ると、良かれと思って最新式の掃除機を買ったら妻と口げんかになってしまったという話になります。それだけを聞くとなぜだろうと思えますが、妻の視点に立つと全く別のストーリーが見えてきます。妻は現在の掃除機に不満もないですし、十分きれいに掃除できていると思っています。そこに､夫の思い付きで「こんな使い方もできる」「あんな所も掃除できる」と、頼んでもいない掃除機が出てくると、妻にしてみれば「今の掃除じゃ

問題：罰により、望ましい行動が減っている

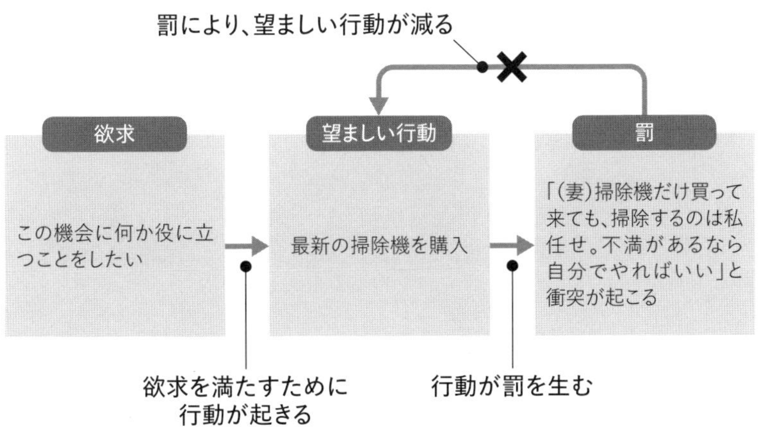

図表5-18　ハイスペック掃除機の随伴性

十分じゃないからもっときれいにしろ」と聞こえるわけです（図表5-18）。

[3] ベネフィットを再解釈する

この衝突は、夫婦で家事に対する合理が異なることに起因します。夫の欲求は妻の役に立つことですから、夫の合理ではなく、妻の合理で報酬になることは何かを突き止めないといけません。共働きであることや、手を動かさない夫に不満があることを考慮すると、「家事を妻だけに任せず、子供や夫も分担する習慣ができる」というのが、妻の合理に沿った報酬になるのではないでしょうか。ブランドの特徴である「小型コードレスで取りまわしやすく、充電も長持ちするので使いたい時にすぐ使える」を組み合わせると、「気付いたときに気付いた人がパッとお掃除。家族みんなのお掃除習慣」というベネフィットが考えられます（図表5-19）。

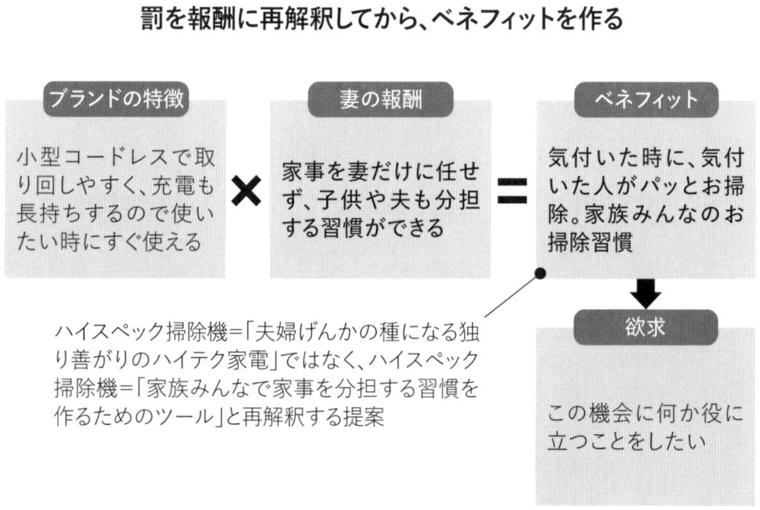

図表5-19　ハイスペック掃除機のベネフィット

[4] ブランドを再構築する

購買者（夫）と利用者（妻）の合理の違いを反映したオルタネイトモデルは、**図表5-20**のようになります。

「気付いた時に、気付いた人がパッとお掃除。家族みんなのお掃除習慣」というメッセージは、家族の役に立ちたいと考える夫に対して、「高額な最新家電を買うより、自分が家事で使うモノを買って役割分担する方がよっぽど喜ばれるのか」という気付きを与えます。そして副次的に

購買者と利用者の合理の違いを意識したコミュニケーション

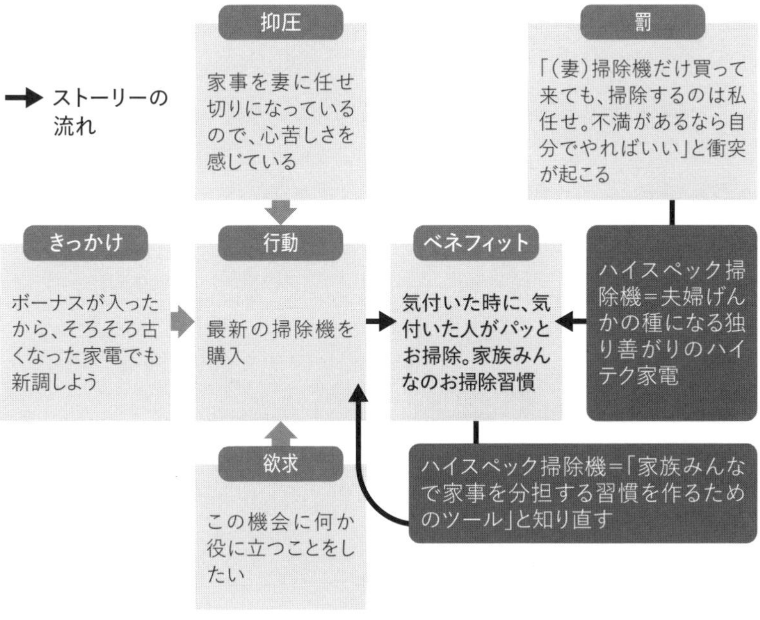

図表5-20　ハイスペック掃除機のオルタネイトモデル（再解釈後）

ですが、妻にも「あのメッセージを見て買って来たということは、少しは家事をするつもりがあるのだろう」と認識されやすくなります。

こうしたコミュニケーションにより、

ハイスペック掃除機＝「夫婦げんかの種になる独り善がりのハイテク家電」

ではなく、

ハイスペック掃除機＝「家族みんなで家事を分担する習慣をつくるためのツール」

と知り直してもらうことが狙いです。家電のコミュニケーションはどうしても機能性や差別化の訴求に偏りがちですが、買う側、使う側の文脈と合理を理解することで、連想の独自性という側面からブランドの優位性を築いていくこともできます。

5-6

オルタネイトモデルの検証とコンセプトテスト

第５章の最後に、商品やサービスを再解釈をした後に実施する、コンセプトテストについて説明します。

複数の未顧客を観察・インタビューすると、複数のオルタネイトモデル、複数のストーリーが得られます。「プロダクトアウトでとにかくまずは世に出してみる」でもいいのですが、予算が取れる方は定量アンケートを実施し、作成したストーリーの訴求力をテストしておきましょう。

実際のプロジェクトでは、統計的因果推論を行って再解釈の妥当性を検証したり、マーケティングミックスモデリングで施策を固めていくこともありますが、本書の範囲を超えた話になるので、ここではアンケート集計ベースのコンセプトテストで、未顧客に対する訴求力を測るポイントを説明したいと思います。

基本的には通常のコンセプトテストと変わりませんが、アンケートの聞き方や項目に未顧客ならではの工夫が求められます。

コンスタントサム（恒常和法）型のアンケートが望ましい

アンケートを実施する際は、なるべく実際の購買時の状況に近くなるように設問を設計することが大切です。回答者も答えやすいですし、データの精度も高くなります。バラエティーシーキングや定期購入といった特殊な状況を除けば、未顧客の購買は多項分布に近い状況と考えられます。つまり、頭の中にいくつかのブランドの候補があり、前回何を買ったかにかかわらず（ゼロオーダー）、その候補の中から確率的に選ぶという状況です。この状況になるべく近づけるために、次のように段階を設けた聴取を行います。

[STEP1]「想起集合にどのブランドが含まれるか」をブランド一覧から選んでもらう

[STEP2] 想起集合に含まれるブランドに対して、「10回買ううち、どのブランドを何回買うか」もしくは「100点を各ブランドに振り分けるとそれぞれ何点になるか」といったコンスタントサム（恒常和）を聞く

インターネットアンケートを利用すると、こうした設定は簡単に行うことができます。市場調査会社に依頼すれば、さらに多段階のランダマイズを施し、リアルの購買状況に近づけていくことも可能です。

この場合、次のようなスケールを用いないようにしましょう。

●全く買いたいと思わない（0）
●あまり買いたいと思わない（1）
●どちらでもない、どちらともいえない（2）
●どちらかと言えば買いたいと思う（3）
●とても買いたいと思う（4）

身長や体重などの物理量と違い、心理量には絶対原点がありません。アンケートを作成する上で、便宜的に「全く買いたいと思わない」に0という“記号”を振っているだけなので、数としての0の機能はありません。0が絶対原点としての意味を持たないため、選択肢にひも付けられる心理量は、回答者の主観的な感覚に委ねられています。従って、差や比が正確に計算できません。

また、スケール型のアンケートの場合、中間に「どちらでもない、どちらともいえない」という選択肢を持ってくることがあります。未顧客の場合、これが悪さをすることがあります。ある人には「どちらでもない」が中間の評価として選択される一方で､別の人には「どうでもいい」､つまり「買いたいと思わない」に近い意味として選ばれる場合もあります。こうした理由から､未顧客に対してはスケール型ではなく［STEP2］のようなコンスタントサム型のアンケートが望ましいといえます。

ちなみに、コンスタントサムで取得したデータは予測モデルを組むときにもいろいろ都合が良いため、取得できるときはなるべくコンスタントサムでデータを取るようにしましょう。スケールの方がデータ収集は楽ですが、その分パラメーター推定で置く仮定が厳しくなり、同じことをアウトプットするためにより複雑なモデルを使わないといけなくなるため、後でしんどくなります。

コンセプトテストに用いる項目

もう１点､アンケートに用いる項目についてのアドバイスがあります。第４章で､回答の信頼性についての話をしました。選択盲などの影響で、アンケート回答者が後付けの理由をしてしまうという問題です。アンケートの性質上、この影響を完全にゼロにすることはできませんが、商品を使う「文脈に関するファクト」を拾っていくことである程度抑制することができます。例えば、次のようなファクトです。

- 自主的な工夫
- 代替品、代替手段の採用
- インターネットでの情報検索
- 知人や家族への相談
- WTP（ブランドにいくら払えるか）

自主的な工夫や代替行動、情報収集といった行動は、そこに未顧客が解決したいジョブや達成したいゴールがあることを示唆します。つまり、そうしたジョブやゴールを達成するためにブランドが購買される余地があるわけです。そのため購買行動の先行指標として採用されることがあります。WTP（Willingness to Pay）は「商品やサービスにいくらまで払える」と意思表示された金額のことです。使用実態に関しては、次の項目を聴取しておくとよいでしょう。

- 各CEPで思い付くブランド
- 前回どのブランドをいつ購入したか
- 現在利用しているブランド
- 次に買いたいと思うブランド

最後に、第４章で解説した「Rosser Reeves Fallacy」を避けるために、必ず実験計画を立ててテストを行いましょう。つまり、サンプルを実験群と対照群にランダムに分けて、実験群にはストーリーを見せ、対照群には見せずに、WTPや次回購入意向、ブランド想起を比較するわけです。

COLUMN

新たなお客様に寄り添い続ける

株式会社ポーラ　中村俊之 氏

株式会社ポーラは日本および海外で化粧品を中心とした「美と健康」に関わる事業を展開しています。国内では全国約3,200店（2021年12月末現在）のショップや百貨店コーナーへの展開を通じて、お客さまと直接接点を持ち、商品を販売しています。

新型コロナウイルスが流行した2020年以降、化粧品業界における販売チャネルの中でもデジタルチャネルがより一層の存在感を示す中で、「店舗」というオフラインのお買い場がオンラインと境目のない顧客体験の中でどのように進化していくべきか、理想的な顧客体験を実現し、新たなお客様にご利用いただくために何をすべきか、という視点で調査を行いました。調査では、消費者の「はじめて店舗に訪れるきっかけは何であったか」「店舗でのどのような体験が購入の決め手になったか」といったそれぞれの実体験を深掘りしました。この調査により、新たなお客様がポーラと出会い、お客様となってご愛顧いただくまでのプロセスを考えることができ、自社のビジネスをあらためて振り返り、再解釈をする上でとても役立ちました。

そして、これらの調査を経た2022年5月現在、中長期視点での新たなマーケティング戦略を進めています。人々の生活や働き方などがめまぐるしく変わる社会情勢とともに、生活者の情報接触に対する意識も大きく変化し続けています。その中でお客様に信頼され選び続けられる顧客体験とは何かを問い続けながら、これからもお客様一人ひとりに寄り添い、関係性を高めていけるように、顧客接点を紡いで心地よいおもてなしをお届けしていきたいと考えています。

巻末付録

未顧客理解の数学的側面

A-0

NBDディリクレモデル

巻末付録では、未顧客理解の背景にある「ダブルジョパディの法則」についての理解を深めるとともに、ノンユーザー・ライトユーザーに対するマーケティングの数学的背景を解説していきたいと思います。

最初にダブルジョパディ（二重苦）という概念を提唱したのは、社会学者のMcpheeだと言われています。コミック本やラジオ番組などにおいて、知名度の低いタイトルは読者や視聴者の数が少ないだけでなく、人気も低いことを発見し、大きなブランドほどブランドに対する知識の少ないライトユーザーを独占しやすい傾向があることを指摘しました（Mcphee, 1963）。その後アンドリュー・アレンバーグ教授が、反復購買の研究の中で、マーケットシェアが低いブランドは購買客数も少なく、ロイヤルティも低くなるという傾向を定式化し（Ehrenberg, 2000）、現在ではさまざまな国や商材で確認される法則になりました。

ダブルジョパディに関しては、多くの論文で「NBDディリクレモデル」と「$w(1-b)$ モデル」という2つのモデルが併記されていることが多いため、本付録でもそれに倣い、まずNBDディリクレモデル、次に$w(1-b)$ モデルを解説していきます。

NBDディリクレは、次の（1）式と（2）式から構成され、複数の確率分布を掛け算した形をしています。ノーテーションは森岡・今西(2016)に倣っています。

$$\int Poisson\ (R \mid \mu T)\ Gamma\left(\mu \mid K, \frac{M}{K}\right) d\mu \quad — (1)$$

$$\int Multinomial\ (r \mid p, R)\ Dirichlet\ (p \mid \alpha)\ dp \quad — (2)$$

各分布および混合分布の導出は、森岡・今西(2016)で細部にわたり解説されていますので、本書では主に式のイメージを説明します。モデルの開発者であるGerald Goodhardtらは、NBDディリクレは「購買頻度」と「ブランド選択」という購買行動の異なる側面を1つの式として結び付けることで、さまざまな予測を可能とすると述べています(Goodhardt et al., 1984)。これがどういうことか考えていきたいと思います。

まず(1)式はカテゴリーの購入回数を表しています。長い目で見れば、ある顧客がある単位期間(週など)でカテゴリーの商品を平均何回買うか(μ)はだいたい決まってきます。例えば1年に缶コーヒーを平均10回買う人は、週平均に直すと0.192≒0.2回ということになります。ある顧客が期間T(単位期間の合計)でそのカテゴリーの商品を何回購入するか(R)は(μT)を母数に持つポワソン分布に従います。しかし、年に100回くらい缶コーヒーを買う人もいるでしょう。このように長期間での人のカテゴリー消費量は異なるので、顧客全体で見ると(μ)にはばらつきがあり、そのばらつきは($K, \frac{M}{K}$)を母数に持つガンマ分布に従います。Mは単位期間におけるカテゴリーの平均購買回数、Kは分布の形状を規定するパラメーターです。こうした仮定の下、(μ)について積分し顧客全体の購買回数の確率を求めると、その分布は負の二項分布に従うことが知られています。

(2) 式はブランドの選択を表しています。顧客がどのブランドをどれくらいの確率 (p) で選ぶかは、一見ランダムに見えても、長い目で見ればだいたい決まっています。例えば、私が缶コーヒーを買うときは、年間で見ればサントリーのボスを60%、コカ・コーラのジョージアを30%、UCCのBLACK無糖を10%で買っていたというようなイメージです。ある期間におけるカテゴリーの購入回数 (R) のうち、特定ブランドの購入回数 (r) がどれくらいになるかは、パラメーター (p, R) の多項分布により決まります。この時、(R) は（1）式で規定されますが、きっと読者は、筆者とは異なる缶コーヒーブランドを異なる選択確率で選んでいることでしょう。人の好みは異なるので、顧客全体で見ると (p) にはばらつきがあり、そのばらつきは (α) を母数とするディリクレ分布に従います。

つまるところNBDディリクレとは、特定期間において顧客全員から発生するカテゴリーの購入回数の分布を負の二項分布で推定して、それを顧客間の異質性を考慮したブランドの選択確率に応じて配分していくことで、その期間における各ブランドの購入回数を推定するという仕組みです。式がオープンフォームなので少々重い印象ですが、パラメーターが求まれば集計ベースで予測計算できる便利な式です。

A-1

ダブルジョパディの導出

NBDディリクレには、$w(1-b)$ モデルという近似式が存在します。こちらのモデルの方が式の形がシンプルで母数も少ないので、本付録ではこの近似式の方を使ってダブルジョパディの性質を解説していきたいと思います。今ではさまざまなデータで確認されているダブルジョパディの法則ですが、元は購買行動の独立性に関する２つの仮定から始まりました。Ehrenberg et al. (1990) から引用します。

1. *Buying of different brands is independent across consumers.（ブランドXの購買はブランドYの購買と独立して起こる）*

2. *Brands do not differ in how often their customers on average buy the total product category.（どのブランドの顧客かにかかわらずカテゴリーの平均購買頻度は等しい）*

Ehrenberg et al. (1990, p86 筆者訳)

この仮定を基に、まずは $w(1-b)$ というモデルの成り立ちから見ていきましょう。以下、Ehrenberg (2000) にならい、なるべく導出過程を省略せずに説明します。簡単な代数だけで高等数学は登場しないので、ご安心ください。

今、ある製品カテゴリーIにおいて、X、Y、Zという３つのブランドがあるとします。先の２つの仮定が成り立つと想定した上で、各ブランドの顧客の特定期間におけるカテゴリー平均購買頻度を考えます。母集団をN、特定期間中にブランドＸを購買した人の割合をb_x、ブランドＸの顧客Nb_xの平均購買頻度をw_xとします。この時、ブランドＸの顧客によるブランドＸの総購買回数はNb_xw_xと表されます。

次に、ブランドＸの顧客のうち、ブランドＹを購買した人の市場全体に対する割合を$b_{y|x}$、その人たちの平均購買頻度を$w_{y|x}$とします。このとき、ブランドＸの顧客によるブランドＹの総購買回数は、$Nb_{y|x}w_{y|x}$となります。同様に、ブランドＸの顧客によるブランドＺの総購買回数は、$Nb_{z|x}w_{z|x}$です。

特定期間中に、ブランドＸの顧客が購買した市場Iの商品の合計は、

$$Nb_xw_x + Nb_{y|x}w_{y|x} + Nb_{z|x}w_{z|x} \quad — (3)$$

となり、ブランドＸの顧客のカテゴリーI平均購買頻度は、(3) 式をブランドＸの顧客数Nb_xで除した、

$$N(b_xw_x + b_{y|x}w_{y|x} + b_{z|x}w_{z|x}) / Nb_x \quad — (4)$$

で表すことができます。仮定1より、任意のブランド間の購買は独立のため、

$$b_{y|x} = b_yb_x、w_{y|x} = w_y \quad — (5)$$
$$b_{z|x} = b_zb_x、w_{z|x} = w_z \quad — (5)'$$

と書くことができます。従ってブランドXの顧客のカテゴリーI平均購買頻度は、(4) 式に (5) 式 (5)'式を代入し、分子分母からNとb_xをキャンセルアウトして、

$$w_x + b_y w_y + b_z w_z \quad — (6)$$

と書き直すことができます。同様に、ブランドYの顧客のカテゴリーI平均購買頻度は、

$$w_y + b_x w_x + b_z w_z \quad — (7)$$

となります。ここで仮定2より、どのブランドの顧客かにかかわらずカテゴリーの平均購買頻度は等しいため、

$$w_x + b_y w_y + b_z w_z = w_y + b_x w_x + b_z w_z \quad — (8)$$

が成り立ちます。(8) 式の両辺に共通する$b_z w_z$をキャンセルして項をそろえると、

$$w_x + b_y w_y = w_y + b_x w_x$$

$$w_x - b_x w_x = w_y - b_y w_y$$

$$w_x (1 - b_x) = w_y (1 - b_y) \quad — (9)$$

どのブランドについても同様のことが成り立つため、

$$w_x (1 - b_x) = w_y (1 - b_y) \simeq \mathrm{Constant} \quad — (10)$$

(10) 式を略式表記すると、

$$w_i(1-b_i) \simeq w_o\,(\text{Constant}) \quad \text{—} \quad (11)$$

となります。ただし、$w_i(1-b_i)$ がブランド間で完全に一致するわけではなく、およそ±10%以内程度の偏差があることが報告されています(Khan et al., 1988)。

A-2

ダブルジョパディの性質と実務への示唆

顧客ロイヤルティには上限がある

ダブルジョパディというと、「シェアが低いブランドは購買客数も少なくロイヤルティも低い」という解釈ばかりが注目を集めますが、他にも重要な側面があります。その一つが、ロイヤルティには上限があるということです。

(11) 式をwついて解くと

$$w \simeq w_o \,/\, (1-b) \quad — \quad (12)$$

となります。これは購買頻度wをw_o / $(1-b)$ で予測する式になっています。w_oは定数なので、この式は実質的に浸透率のみで購買頻度を予測しているわけです。このモデルの優れたところは、用いる変数が浸透率のみであるにもかかわらず頑健であるという点です。

例えばGraham et al. (2017) は、500以上のブランドで、32回にわたる再現研究を繰り返し、$w\,(1-b)$ モデルがDirichletモデルと比べてもあまり遜色のない精度で購買頻度を予測できることを検証しています。また著者らは、オンラインショッピングが全盛を迎え、消費者行動のさまざまな側面が変化した現在においてもダブルジョパディの法則は変わらないことや、6年にわたる長期間の時系列データでもダブルジョパディが確認されることを併せて報告しています。上記の研究は1例であり、他にも多くの研究者が異なる国、時代、商材を通してダブルジョパディの発生を確認しています（Sharp, 2010; Romaniuk & Sharp, 2022）。

このように、ダブルジョパディの出発点となった2つの仮定の妥当性は、さまざまなデータや再現研究を通して検証されてきたわけです。マーケターにとって特に重要なのは、仮定2「どのブランドの顧客かにかかわらずカテゴリーの平均購買頻度は等しい」です。この仮定が正しいとすると、特定期間におけるカテゴリーの利用回数はどのブランドの顧客も等しい、つまり顧客ロイヤルティはブランドのマーケティング次第で際限なく伸ばせるものではなく、そもそもカテゴリーレベルで上限が決まっているということになります。ニッチブランドであろうが、商品を差別化しようが、ターゲティングを最適化しようが、インサイトを突いたメッセージを届けようが、wのカテゴリー上限以上には増やせないということです。

「1ジョブー1ベネフィット」の限界

「ロイヤルティには限界がある」という規則性が示すのは、必ずしもネガティブな事実だけではありません。第4章で説明したジョブの視点で考えてみましょう。1つのジョブに対して1つのベネフィットを提供する「1ジョブ－1ベネフィット」型のビジネスモデルでは、そのジョブが解決されれば、それ以上の購買は起きません。これがダブルジョパディによって示されたロイヤルティの限界です。

人は解決済みのジョブに対しては金銭を支払いませんが、未解決の別のジョブのためであれば金銭を支払います。例えば遊園地であれば、すでに入場料を払っているので「アトラクションに乗る」ためには金を払いませんが、「早く乗る」ためには追加で金銭を払います。シャンプーは１本で十分ですが、シャンプーを買った後でもリンスやトリートメントには金を払います。１日に飲むコーヒーの量は決まっていても、ギフト用に買うコーヒーは別です。

「1ジョブ－1ベネフィット」型から「Nジョブ－Nベネフィット」型のビジネスモデルへ

このように考えると、「１ジョブ－１ベネフィット」に固執するのではなく、顧客の「生活」をターゲット単位として捉え、その生活文脈の中にある複数のジョブに対して複数のベネフィット、つまり複数のサービスで対応する「Nジョブ－Nベネフィット」型のビジネスモデルへシフトするというパスが浮かび上がってきます。すべての企業が直ちにできることではありませんが、CRMやファンマーケティングでロイヤルティを高めてきた企業であれば、「Nジョブ－Nベネフィット」型への転換は検討する価値があります。

「Nジョブ－Nベネフィット」型のビジネスモデルは、同時に複数のCEP（カテゴリーエントリーポイント）に対してポジショニングする構造になります。例えば航空業界のCRMとして、昔からマイレージプログラムがあります。人の年間の移動量は基本的に大きく変動しません。むしろ人口減少やリモートワークの普及が続けば、飛行機を含め交通機関の利用総量が増えることはあまり期待できないでしょう。従って、「Nジョブ－Nベネフィット」の視点で考えれば、いかに「移動サービス」を利用してもらうかではなく、いかに「移動」に伴って発生する「別のジョブ」を巻き込んで収益のベースラインを増やすかというゲームになっていきます。

実際、ほとんどのマイレージプログラムは、航空事業者が提供する複数のプロダクトやサービスへのハブとしての機能が備わっています。例えば食事をする（レストラン）、スムーズに移動する（チケットレス）、移動先で仕事をする（ワーケーション、サテライトオフィス）、次の移動手段を確保する（レンタカーやバイクの予約）といった、移動に伴うさまざまなジョブをまとめて解決する小規模生活圏を作るゲームになっていくわけです。このゲームが成立するのは、CRMで高めたロイヤルティがあるからです。つまり、ロイヤルティプログラムには、高めたロイヤルティを同じ企業が提供する「別カテゴリーへのエントリーポイント」へ分配する機能も有していると考えることができます。

A-3

ツールとしてのダブルジョパディ

$w(1-b)$ モデルは、市場構造の把握や成長機会の発見、ベンチマーキング、シミュレーションなど、マーケティングツールとしてさまざまな活用方法があります。第３章のコラムでは、ロイヤルティ施策の効果逓減を診断する方法やニッチの評価方法を紹介しましたが、それ以外にも例えば次のような使い方ができます。

- ▶購買頻度を高めることにコストを投下すべきか、浸透率を高めることにコストを投下すべきか。購買頻度を高めるなら、どれくらいを目標上限にすればよいのか。
- ▶浸透率をどこまで高めればいいのか。浸透率をあと何％高めれば、購買頻度がどれくらいになり、結果としてどれくらいのシェアが取れそうなのか。
- ▶その際、どのようなマーケティングミックスが最も効果的なのか。どの流通経路（例：地域、店舗、時間、ECなど）を強化すべきなのか。
- ▶現在どの顧客層の浸透率が足りていないのか。それを高めるためは、どのCEP（生活文脈）との結び付きを強めればよいのか。

特に筆者が便利だと感じるのは、浸透率を変化させて売上やシェアを予測するシミュレーションです。場面に応じて次のような使い方ができます。いずれも精度より早さ、簡便さを優先するときに重宝します。

【売上予測】

売上は顧客数×購買頻度×価格であり、$w=w_0/(1-b)$ はそのうちの2つの要素をつなぐ関数です。bが決まればwも一意に決まるため、自社ブランドの浸透率を変化させたとき、ブランドの購買頻度がどの程度変わるのかをシミュレーションすることができます。つまり、「浸透率をあとこれくらい高めれば、購買頻度はこのくらいになり、その際の売上はこの程度になるだろう」というおおまかな予測を立てることができるわけです。変化後の浸透率をb_T、その時の購買頻度の予測値をw_Tと置けば、予測売上はNb_Tw_T×平均単価で計算できます。逆に、現在の購買頻度を与件として、あと何%浸透率を伸ばせば目標売上を達成できそうかをざっくり割り出すという使い方もできますし、マーケティングミックスモデルと組み合わせて目標浸透率を達成するためのシナリオを検討することもできます。

【ポテンシャル分析】

浸透率を指標として、今後どこに事業成長のポテンシャルがあるかを見極めることもできます。例えば性・年代別、月別、地域別の浸透率データが手に入る場合、ベンチマークしている競合やカテゴリーの浸透率と比べて、自社の浸透率が低いセグメントを探してみましょう。そうすると、どの顧客層、どの期間、どの地域で売上を伸ばすポテンシャルがあるのかを見つけ出すことができます。例えばカテゴリーのM1*浸透率が30%なのに対して、自社ブランドのM1浸透率が10%だとすれば、M1層の新規獲得を集中的に行うことで効率的に売上増加を狙うことができそうです。また、$w=w_0/(1-b)$ とNb_Tw_Tでシミュレーションすれば、どの層の（どの期間の、どの地域の）浸透率をどれくらい上げれば、売上がどれだけ増えそうかをおおまかに見通すこともできます。ただし、この方法はターゲットを限定して浸透率を集中的に高める方法です。本来目指すべきは「全人口的な浸透率の増加」ですから、局所的な売上のテコ入れなど、短期的なアクティベーションとして行うようにしましょう。

＊ 20~34歳の若年男性層

【新市場参入時のベンチマーク】

新規事業開発やベンチャーのデューデリジェンスおいて、参入市場に関するナレッジを手早くそろえられることは投資サイドにとって非常に有益です。$w=w_o/(1-b)$ とNb_Tw_Tを使えば、新しい市場や海外の市場に参入する際、市場構造とベンチマークすべき競合をクイックに調査し、どの程度の浸透率を獲得すればどれくらいのシェアが取れそうかというマーケティング目標を設定することができます。

おわりに

顧客の視点に立つ。お客さまを大切にする。言うのは簡単ですが、結局独り善がりのマーケティングになりがちです。その原因の一つは、「顧客理解とは、顧客の何をどう理解して、何をアウトプットすることなのか」に決まった手順がないことだと思います。ですから、導き出す答えも、答えにたどり着くプロセスも、結局マーケティングをする人次第になってしまうのではないでしょうか。同時に、マーケティングはきれい事ではありません。商売です。顧客を大事にしよう、キモチを考えようと、聞こえのいいことばかり言っていても売上やシェアや増えません。従って、「どうしたらどうなる」という規則性を理解することがまず重要です。

私は、広義のマーケティングは、数学や統計学に基づく部分と、人類学や心理学に基づく部分の両翼が必要なのではないかと考えます。上流の戦略立案には定量的、数学的裏付けが必要ですし、下流の施策開発には定性的な顧客理解に基づいたインサイトが必要です。つまり、マーケターには理系思考と文系思考を行ったり来たりするバランス感覚が大事なのではないかと思います。私自身が、理系と文系を行ったり来たりしながら約20年マーケティング業界にいますので、必然的に両方の「いいとこどり」をしたくなるのかもしれませんが、本書はそういう文理融合を意識して執筆しました。きれいに融合できたのかと問われると、前途遼遠であり、また書き足りないこともたくさんあります。ここでは、その一部をいくつか書き留めて、本書の締めくくりとしたいと思います。

理系のキモチと文系のキモチ

まず、本文ではあまり理系側に触れることができませんでしたから、少しだけ、本書の「理系側のキモチ」を紹介しておきたいと思います。

まず、顧客理解とは何か。理系のキモチで定義すると「as-if-randomな（一見ランダムに見える）顧客の思考や行動の中から規則性を見つけ出すゲーム」なのだと思います。つまり数学の定義とほぼ一緒です。そして、数学的な視点から顧客理解に求められる力を挙げるとしたら、「1.解くべき問題に気付く力」「2.解ける式として立式する力」「3.解をビジネスに落とし込む力」の3つが挙げられると思います。特に理系思考の醍醐味は、2の「立式する力」でしょう。立式とは、読んで字のごとく、データで観測された事象や、目の前で起こっている現象が起こる過程を方程式として記述するということです。

皆さんは「統計分析」と「統計モデリング」の違いをご存じでしょうか。マーケティングの現場で行われる分析は、大半が統計分析です。統計分析とは、「決められた確率モデルに目の前のデータを当てはめるゲーム」です。統計分析では立式の必要はありません。誰かがすでに立式したモデルを使うからです。例えば、平均値差の検定に用いるt検定や回帰分析などは、データを正規分布に当てはめ、そこでいろいろな推定や比較を行います。従って、当てはめた後のパラメーター推定の精度が主な関心事になります。

それに対して統計モデリングは、「データに当てはまる確率モデルを見つけるゲーム」です。データの発生メカニズムや行動が生起するプロセスそのものを解き明かすことが目的です。立式はこの統計モデリングで必要になってきます。目の前の現象はどのような確率分布に従って起きているのだろう。このデータはどのように生まれるのだろう。ブランドはどう認知され、興味を持たれるのだろう。いつもと違う行動はどのように起きるのだろう。そうしたデータや現象が発生するメカニズムを式で表現（立式）し、データに当てはめ検証する、いわばテーラーメードのアプローチです。誰かの作ったモデルを使うこともありますが、データ生成過程を表現するために確率分布を混ぜたり、必要があれば新しく作ることもあります。

本文で少しだけ登場したNBDディリクレモデル（Goodhardt et al., 1984）も、購買行動のメカニズムを記述するために4つの確率分布を組み合わせた表現になっていますね。筆者は、ベイズ統計を勉強している時にたまたまこのモデルを知ったのですが、カテゴリーの購買とブランドの選択が起こる原理を直接式で記述するという発想に、何やら自然科学の式を見ているような感覚になったのを覚えています。

話を戻すと、購買行動が起こるプロセスやメカニズムをモデル化し、データと照らし合わせて経験的に検証していくことで、単に集計グラフや相関などの指標を点で確認することに比べて、はるかに深い洞察を得ることができるわけです。今では、立式さえすれば、すぐにPythonなどで高性能なMCMC（マルコフ連鎖モンテカルロ、推定方法の一つ）を実行できますから、「2.解ける式として立式する力」はずいぶん身近になりました。

一方、「1.解くべき問題に気付く力」や「3.解をビジネスに落とし込む力」については、数学や統計学で直接身に付くわけではありません。特に、3については、多くの方が苦手とするところではないでしょうか。回帰分析で購買ドライバーを見つける、マーケティングミックスモデリングでラストワンマイルの効果が高い媒体を見つける、そこまでは理系思考の役割です。しかし、そこから先の、「だから何をどう伝えるのか」「商品がどんな体験を提供すべきなのか」といった施策を生み出すのは、文系思考の役割になると思います。

つまり、すべてを数式で記述しなければいけないという話ではなく、数式が示唆する規則性や法則性に基づいて、文系的なアイデアを発揮することが大切であろうと考えます。例えば、第４章や第５章で出てきた「顧客の合理」や「オルタネイトモデル」は、強化学習に登場するベルマン方程式に着想を得て、文化人類学的なアプローチで定式化しているのですが、本文を通して分かるように、数学的な背景を理解していなくても日頃の顧客観察やインタビューの中で使うことができます。

アルゴリズムとしての強化学習には、「現実の環境との対応」「実務の中にどう取り入れるのか」といった設定の難しさがあります。しかし未顧客理解では、そこに「欲求と抑圧が行動パターンを決める」「個々の文脈に応じた生活の変化が報酬になる」といった、マーケティングで経験的に得られる自然な仮定を置くことで、オルタネイトモデルという一般化可能な観察ツールに仕立てているわけです。理系の視点を文系の視点で補完しているわけですね。

もちろん、人が暮らす現実世界はシミュレーションとは違い複雑だから当てはまらない、環境が流動的過ぎるといった批判はあるかもしれませんが、筆者が伝えたいのはそういうことではなく、未顧客獲得のようなVUCAなテーマにおいて、「仮定を置いて現象を単純化してみる」「規則性の一部でよいからつかまえる」「数式でなくても構わないので、手を動かしてその規則性を立式してみる」といったセンスメイキングの重要性です。データがないからやらないより、ないデータでやってみる。使える知見や道具は全部使ってざっくりと手順化してみる。そうした一歩を踏み出してみることが大事なのだと思います。

顧客理解はアートか、サイエンスか

つまるところ、このように理系の思考と文系の思考を行ったり来たりすることで、顧客理解の幅や妥当性が高まるのではないか、というのが私の主張です。似たような議論で、「マーケティングはアートか、サイエンスか」という話があります。そうした議論の大半は、「どちらにも捉えられる」もしくは「どちらに捉えてもいい」という結論になっていることが多い印象ですが、私はそのようには思いません。マーケティングという仕事の中に確定項と誤差項があるだけだと思います。次のようなイメージです。

マーケティングの仕事=確定項のタスク+誤差項のタスク

マーケティングの効果は、既知の変数により規則的に変動する部分と、未知の変数により不規則に変動する部分に分けられるということです。このうち、規則的に変動する部分を担うのがサイエンスの役割で、不規則に変動する部分を担うのがアートの役割だと思います。「こうしたらこうなる」ということを担保するのがサイエンス、「こうしたらこうなる」が分かっているわけではないが勝負するのがアート、と言い換えてもよいかもしれません。

アートが誤差というとネガティブに聞こえるかもしれませんが、プラスに働く場合もあれば、マイナスに働く場合もあるという意味で誤差です。サイエンスが明らかにしていない購買行動の本質を実は捉えていて売上が跳ねることもあれば、今回はちょっと狙い過ぎたねということもあるわけです。筆者は、規則性を理解した上でさらにとがらせるアートは非常に良いと思います。同時に、何の規則性も根拠もない「100%のアート」はどうかと思います。確定項を欠いた「y＝e」は、本当にただのギャンブルだからです。

ビジネスに絶対はありません。企業側が何をしたところで、変えられるのは勝算だけです。であれば、より勝算が高いルール（市場や規則性）で勝負すべきであり、勝つ可能性が高い手札がそろうようにカードを交換（再解釈）すべきです。特に未知の部分が多い「未顧客理解」のような領域こそ、既知の規則性を総動員して、運以外の要素はなるべくつぶしてから取り組む姿勢が大切と言えるでしょう。

要するに、「巨人の肩の上に立つ」ということです。その意味では、本書の執筆に当たり、たくさんの現役マーケターやデータサイエンティストにご指導、お力添えいただきました。まず、三井住友海上火災保険の木田浩理様には、企画段階から相談に乗っていただき、データサイエンス、マーケティング、顧客理解の接点について幾度もディスカッションさせていただきました。そこで得られた視点とご縁により、執筆の第一歩を踏み出せました。JR東日本の渋谷直正様には、データサイエンティストならではの視点から貴重なフィードバックをいただきました。特に締め切り直前のディスカッションによって、本書のバリューが一段引き上げられたと確信しています。ELYZAの野口竜司様には、認知メカニズムの理解において知見の宝庫と言えるAI研究の観点から、未顧客理解との共通点や将来性についてご教授いただきました。

東急エージェンシー・大倉新也様、ニューバランスジャパン・鈴木健様、ミツカン・田中保憲様、ポーラ・中村俊之様、花王・林裕也様には、本書のコラムにご協力いただきました（氏名五十音順）。顧客理解、未顧客理解のあり方と今後の展望について、これからもディスカッションさせてください。また、本書が日の目を見るに至ったのは、日々の業務の中でクライアントの皆さまに与えてくださったチャレンジの場があってこそです。この場を借りて深く御礼申し上げます。

日経BP松山さまには、執筆の機会を頂くと共に、執筆計画全体をリードしていただきました。かなり癖の強い著者であったと思いますが、細かいこだわりに最後までおつきあい下さり、ありがとうございました。

極端な方向に走りがちな筆者を支え、時には緩衝材になってくれるコレクシアの村山幹朗社長、古参の遠藤頌太、春本義彦、松橋潤哉をはじめとするコレクシア社員のみなさん、新しい取り組みに物おじせず付いてきてくれてありがとう。みんなの協力には感謝と敬意の念を抱いています。

最後に私自身、本書の執筆を通して、「巨人の肩の上に立つ」ことの大切さを改めて実感しています。本書が皆さんにとって、今まで当たり前と思ってきたマーケティングを「知り直し」、巨人の肩の上に「立ち直す」きっかけとなれば幸いです。最後まで読んでいただき、本当にありがとうございました。

芹澤　連

参考文献

Aaker, D. A. (1991). *Managing brand equity*. The Free Press.

Allenby, G., Fennell, G., Bemmaor, A., Bhargava, V., Christen, F., Dawley, J., Dickson, P., Edwards, Y., Garratt, M., Ginter, J., Sawyer, A., Staelin, R., & Yang, S. (2002). Market segmentation research: Beyond within and across group differences. *Marketing Letters, 13* (3), 233-243.

Baldinger, A. L., Blair, E., & Echambadi, R. (2002). Why brands grow. *Journal of Advertising Research, 42* (1), 7-14.

Binet, L., & Field, P. (2017). *Media in focus: Marketing effectiveness in the digital era.* Institute of Practitioners in Advertising.

Binet, L., & Carter, S. (2018). *How not to plan: 66 ways to screw it up.* Matador. Kindle.

Bird, M., Channon, C., & Ehrenberg, A. S. C. (1970). Brand image and brand usage. *Journal of Marketing Research, 7* (3), 307-314.

Carroll, L. (2003). *Alice's Adventures in Wonderland and Through the Looking-Glass (Rev. ed.)*. Penguin Group. Kindle.

Collins, M. (1971) Market segmentation: The realities of buyer behaviour. *Journal of the Market Research Society, 13* (3), 146-157.

Drucker, P. F.（1964）. *Managing for results*. Harper & Row Publishers.（ドラッカー, P. F. /野田一夫, 村上恒夫（訳）（1964）『創造する経営者』ダイヤモンド社）

East, R., Hammond, K., & Gendall, P.（2006）. Fact and fallacy in retention marketing. *Journal of Marketing Management, 22*（1-2）, 5-23.

Ehrenberg, A. S. C.（1959）. The pattern of consumer purchases. *Journal of the Royal Statistical Society. Series C（Applied Statistics）, 8*（1）, 26–41.

Ehrenberg, A. S. C., Goodhardt, G. J., & Barwise, T. P.（1990）. Double jeopardy revisited. *Journal of Marketing, 54*（3）, 82-91.

Ehrenberg, A. S. C. (2000). Repeat buying. Journal of Empirical Generalisations in Marketing Science, 5(2).

Ehrenberg, A. S. C. (2000). Repeat buying (chapter 6-10). Journal of Empirical Generalisations in Marketing Science, 5(3).

Ehrenberg, A. S. C. (2000). Repeat buying (chapter 11-13). Journal of Empirical Generalisations in Marketing Science, 5(4).

Ehrenberg, A. S. C. (2000). Repeat buying (appendices). Journal of Empirical Generalisations in Marketing Science, 5(5).

Ehrenberg, A. S. C., Uncles, M., & Goodhardt, G.（2004）. Understanding brand performance measures: Using dirichlet benchmarks. *Journal of Business Research, 57* (12), 1307-1325.

Fennell, G., & Allenby, G. M. (2002). No brand level segmentation? Let's not rush to judgment. *Marketing Research, 14* (1), 14-18.

Fennell, G., Allenby, G. M., Yang, S., & Edwards, Y. (2003). The effectiveness of demographic and psychographic variables for explaining brand and product category use. *Quantitative Marketing and Economics, 1* (2), 223-244.

Goodhardt, G. J., Ehrenberg, A. S. C., & Chatfield, C. (1984). The Dirichlet: a comprehensive model of buying behaviour. *Journal of the Royal Statistical Society, Series A (General), 147* (5). 621-655.

Graham, C., Bennett, D., Franke, K., Henfrey, C. L., & Nagy-Hamada, M. (2017). Double jeopardy–50 years on. Reviving a forgotten tool that still predicts brand loyalty. *Australasian Marketing Journal (AMJ), 25* (4), 278-287.

Hammond, K., Ehrenberg, A. S. C., & Goodhardt, G.J. (1996). Market segmentation for competitive brands. *European Journal of Marketing, 30* (12), 39-49.

Hoek, J., Gendall, P., & Esslemont, D. (1996). Market segmentation: A search for the Holy Grail?. *Journal of Marketing Practice: Applied Marketing Science, 2* (1), 25-34.

Johansson, P., Hall, L., Sikstrom, S., & Olsson, A. (2005). Failure to detect mismatches between intention and outcome in a simple decision task. *Science, 310* (5745), 116-119.

John, L. K., Emrich, O., Gupta, S., & Norton, M. I. (2017). Does "liking" lead to loving? The impact of joining a brand's social network on marketing outcomes. *Journal of Marketing Research, 54* (1), 144-155.

Kahneman, D. (2014)『ファスト&スロー(上/下) あなたの意思はどのように決まるか?』村井章子(訳) 早川書房

Kahneman, D., Sibony, O., & Sunstein, C. R. (2021). *Noise: a flaw in human judgment.* William Collins. (カーネマン, D., シボニー, O. & サンスティーン, C. R. /村井章子(訳) (2021)『NOISE 上: 組織はなぜ判断を誤るのか?』早川書房)

Keller, K. L. (1993). Conceptualizing, measuring, and managing customer-based brand equity. *Journal of Marketing, 57* (1), 1-22.

Kennedy, R., & Ehrenberg, A. S. C. (2001). There is no brand segmentation. *Marketing Research, 13* (1), 4-7.

Khan, B., Kalwani, M., & Morrison D. (1988). Niching versus change-of-pace brands: Using purchase frequencies and penetration rates to infer brand positioning. *Journal of Marketing Research, 25* (4), 384-90.

岸政彦・石岡丈昇・丸山里美 (2016)『質的社会調査の方法：他者の合理性の理解社会学』有斐閣

Kotler, P., & Keller, K. L. (2006). *Marketing management (12th ed.)*. Prentice Hall. (コトラー, P. & ケラー, K. L. / 恩藏直人 (監修)・月谷真紀 (訳) (2008)『コトラー&ケラーのマーケティング・マネジメント12版』ピアソン・エデュケーション)

McGuinness, D., Gendall, P., & Mathew, S. (1992). The effect of product sampling on product trial, purchase and conversion. *International Journal of Advertising, 11* (1), 83-92.

McPhee, W. N. (1963). *Formal theories of mass behaviour*. The Free Press of Glencoe.

森岡毅 (2016)『USJのジェットコースターはなぜ後ろ向きに走ったのか？』KADOKAWA

森岡毅・今西聖貴 (2016)『確率思考の戦略論：USJでも実証された数学マーケティングの力』KADOKAWA

村山幹朗・芹澤連 (2020)『顧客体験マーケティング：顧客の変化を読み解いて「売れる」を再現する』インプレス

Reichheld, F. F., & Sasser, W. E. (1990). Zero Defections: Quality Comes to Services. *Harvard Business Review, 68* (5), 105-111.

Romaniuk, J., Bogomolova, S., & Riley, F.D. (2012) . Brand image and brand usage: Is a forty-year-old empirical generalization still useful?. *Journal of Advertising Research, 52* (2) , 243–250.

Romaniuk, J., & Sharp, B. (2022) . *How brands grow part2: Including emerging markets, services, durables, B2B and luxury brands (Rev. ed.)*. Oxford University Press. Kindle.

Sharp, B. (2010) . *How brands grow: What marketers don't know*. Oxford University Press. (シャープ, B. /加藤巧（監修）・前平謙二（訳）(2018)『ブランディングの科学：誰も知らないマーケティングの法則11』朝日新聞出版)

Sutherland, R. (2019) . *Alchemy: the dark art and curious science of creating magic in brands, business, and life*. William Morrow. (サザーランド, R. /金井真弓（訳）) (2021)『欲望の錬金術：伝説の広告人が明かす不合理のマーケティング』東洋経済新報社

Sutton, R. S., & Barto, A. G. (2018). *Reinforcement learning: An introduction. MIT press.*

土屋哲雄 (2020)『ワークマン式「しない経営」―― 4000億円の空白市場を切り拓いた秘密』ダイヤモンド社

Tversky, A., & Kahneman, D. (1973) . Availability: A heuristic for judging frequency and probability. *Cognitive psychology, 5* (2) , 207-232.

Wind, Y. (1978). Issues and advances in segmentation research. *Journal of Marketing Research, 15* (3), 317-337.

Wright, M. (1996). The dubious assumptions of segmentation and targeting. *Management Decision, 34* (1), 18-24.

Yang, S., Allenby, G. M., & Fennell, G. (2002). Modeling variation in brand preference: The roles of objective environment and motivating conditions. *Marketing Science, 21* (1), 14–31.

Yuspeh, S., & Fein, G. (1982). Can segments be born again?. *Journal of Advertising Research, 22* (3), 13–22.

著者プロフィール

芹澤 連（せりざわ・れん）

株式会社コレクシア コンサルティング事業部 執行役員

マーケティングサイエンティスト。数学／統計学などの理系アプローチと、心理学／文化人類学などの文系アプローチに幅広く精通。非購買層やノンユーザー理解の第一人者として、消費財を中心に、化粧品、自動車、金融、メディア、エンターテインメント、インフラ、D2Cなどの戦略領域に従事。エビデンスベースのコンサルティングで事業会社の市場拡大を支援する傍ら、執筆や講演活動も行っており、企業研修などの講師を務める。著書に『戦略ごっこ―マーケティング以前の問題』（日経BP）、『顧客体験マーケティング』（インプレス）。日本マーケティング学会員。海外論文を読むのが日課。猫好き。

“末”顧客理解

なぜ「買ってくれる人＝顧客」しか見ないのか？

2022年 6 月20日　第1版第1刷発行
2024年 7 月 4 日　第7刷発行

著　　者　芹澤 連
発 行 者　浅野 祐一
発　　行　株式会社日経BP
発　　売　株式会社日経BPマーケティング
〒105-8308
東京都港区虎ノ門4-3-12
装　　丁　bookwall
制　　作　マップス
編　　集　松山 貴之
印刷・製本　ＴＯＰＰＡＮクロレ株式会社

Printed in Japan
ISBN978-4-296-11269-2